Thomas van Kampen

Grundkurs Terrarium

Kosmos

Die faszinierenden Leopardgeckos fühlen sich in Steppenterrarien wohl.

Vogelspinnen sind hochinteressante Tiere zum Beobachten.

Inhalt

Porträts und Pflegetips
TERRARIENTIERE FÜR EINSTEIGER 42

Extra
PFLEGEHINWEISE 63

Korallenfinger-Laubfrösche haben die Ruhe weg.

Schön eingerichtete Terrarien sind ein Abbild der Natur.

Biologie der Terrarientiere

Ausgerechnet ein Terrarium

Terrarientiere sind faszinierende Pfleglinge, an denen sich interessante Beobachtungen machen lassen.

Die immer weiter voranschreitende Zerstörung von Reptilien-, Amphibien- und Insektenbiotopen in Deutschland und weltweit durch das Einsetzen von Giften und das stetige Wachstum der Bevölkerung hat in den letzten Jahrzehnten beängstigende Ausmaße angenommen. Die zwangsläufige Konsequenz daraus ist ein fast vollständiger Schutz der heimischen Kriechtier- und Insektenwelt durch die Bundesartenschutzverordnung (BArtSchV).
Da man jedoch nur das schützen kann, was man kennt und versteht, ist es zu begrüßen, daß sich ein immer größer werdender Personenkreis mit den Lebensbedingungen dieser Tiergruppen beschäftigt. Dies ist um so erfreulicher, als ein großer Anteil junger Menschen zu diesen Interessierten zählt. Denn Ver-

Ein Paludarium bietet Lebensraum für Fische und Terrarientiere.

An faszinierenden Zeichnungen, Formen, Farben und Lautäußerungen kann sich der Terrarienbesitzer erfreuen.

ständnis für die Probleme der Kleintierwelt setzt das Wissen um die Zusammenhänge in der Natur voraus. Gibt es etwas Besseres als ein Terrarium, um diese Zusammenhänge zu erforschen? Auch Allergiker, die bei der Haltung von Heimtieren oftmals benachteiligt sind, finden unter den Terrarientieren viele interessante Pfleglinge.
Was ist Terraristik genau? Terraristik ist die Haltung, Pflege und Zucht von Tieren, die keine Federn und keinen Pelz haben und nicht zu den Fischen gehören.

REPTILIEN

Zu den Reptilien zählen Schildkröten, Schlangen und Echsen.

Schildkröten

Schildkröten erkennt man am gedrungenen Körper, der von einem Panzer eingeschlossen ist. Kopf, Schwanz und Gliedmaßen können bei Gefahr eingezogen bzw. angelegt werden. Sämtliche Organe liegen innerhalb des Panzers, der mit Hornplatten oder einer lederartigen Haut (Weichschildkröten) bedeckt ist. Schildkrötenmännchen besitzen einen Penis, die Befruchtung erfolgt durch Kopulation. Die Weibchen legen ihre Eier in sorgfältig ausgehobene Eigruben. Die Häutung vollzieht sich durch Ablösung von einzelnen Panzerplatten und Hautteilen.

Schlangen

Schlangen haben einen Körper ohne Gliedmaßen: Kopf, Rumpf und Schwanz gehen gleichmäßig ineinander über. Schlangen züngeln und nehmen dabei mit der Zunge Duftmoleküle auf. Diese werden im Jacobsonschen Organ im Gaumen abgestreift. Das heißt, Schlangen „riechen“ mit der Zunge.
Die zahlreichen nadelspitzen Zähne sind nach hinten gebogen. Für eine einmal gepackte Beute gibt es so kein Entkommen. Unter- und Oberkiefer sind mit äußerst dehnungsfähigen Bändern verbunden. So sind die Schlangen in der Lage, auch relativ große Beutetiere zu verschlingen.
Schlangenmännchen besitzen ein paariges Begattungsorgan (Hemipenis). Es erfolgt eine Kopulation, bei der die Spermien übertragen werden. Die weiblichen Tiere sind entweder lebendgebärend oder eierlegend. Bei vielen eierlegenden Arten wird das Gelege vom Weibchen bewacht.
Schlangen häuten sich an einem Stück, wobei auch die Augen mitgehäutet werden.

Reptilien häuten sich regelmäßig, hier ein Rotkehlanolis.

Echsen

Die größte Gestaltsvielfalt liegt bei den Echsen vor. Von schlangenartig ohne Beine bis kurz und gedrungen mit kräftigen Gliedmaßen ist alles vertreten. Die Zehen können Haftscheiben oder starke Krallen tragen, die Haut kann glatt beschuppt (Skinke), samtartig (Taggeckos) oder bestachelt (Agamen) sein.

Echsen besitzen einen Hemipenis, mit dem eine innere Befruchtung vollzogen wird. Die Weibchen sind lebendgebärend oder eierlegend. Bei einigen Echsen wird das Gelege bewacht. Echsen häuten sich in mehr oder weniger großen Hautfetzen. Reptilien als wechselwarme Tiere haben keinen Mechanismus, um ihre Körpertemperatur zu regulieren. Wenn sie zu sehr steigt, müssen sie einen kühleren Ort aufsuchen, um nicht zu überhitzen. Wenn die Körpertemperatur fällt, suchen sie einen wärmeren Ort auf, um sich wieder aufzuheizen. Der optimale Temperaturbereich ist von Art zu Art verschieden und vom Lebensraum abhängig, was bei der Haltung zu beachten ist.

Viele Schlangen sind farblich an ihren Lebensraum angepaßt.

Taggeckos stammen aus den Tropen.

AMPHIBIEN

Ebenso formenreich wie die Reptilien sind die Amphibien. Zu den Amphibien zählen Blindwühlen, Schwanzlurche und Froschlurche. Blindwühlen sehen wie große Regenwürmer aus, leben ausschließlich unterirdisch und sind für die Pflege im Terrarium von untergeordnetem Intersse. Sie werden deshalb nur der Vollständigkeit halber erwähnt.

Schwanzlurche

Molche und Salamander gehören zu den Schwanzlurchen. Ihr Kopf ist oben abgeplattet, der Rumpf walzenförmig. Die Gliedmaßen sind mehr oder weniger stark ausgebildet. Bei einigen Molcharten fehlen sie ganz oder teilweise. Der Schwanz der Salamander ist oval, der der Molche ist seitlich abgeplattet und kann von einem Hautsaum umgeben sein.

Die Vermehrung erfolgt in der Regel durch Eier. Nur wenige Arten sind lebendgebärend. Die Spermien werden entweder als Samenpaket von der weiblichen Kloake aufgenommen oder vom Männchen über dem Gelege ausgestoßen. Aus den Eiern schlüpfen Larven, die seitlich hinter dem Kopf Kiemen tragen. Je nach Art sind die Vorder- und Hinter-

beine schon nach kurzer Zeit zu erkennen. Die Kiemen werden zurückgebildet, und der nun fertige Molch bzw. Salamander kann auch außerhalb des Wassers überleben.
Bei einigen Arten kann es passieren, daß die Umwandlung von der Larve zum Volltier unterbleibt und die Tiere trotzdem fortpflanzungsfähig sind. Diesen Zustand nennt man Neotenie. Das beste Beispiel dafür ist der Axolotl, der auf S. 48 beschrieben wird.

Froschlurche

Froschlurche haben einen rundlichen Körper ohne Schwanz. Das Verhältnis von Kopf zu Körper ist sehr unterschiedlich. So gibt es Frösche mit sehr kleinen Köpfen, aber auch Frösche, die nur aus „Maul mit etwas Frosch daran" bestehen.
Die Zehenspitzen der Laubfrösche sind zu Haftpolstern umgebildet. Bei Wasserbewohnern spannen sich zwischen den Zehen Schwimmhäute. Frösche, die vorwiegend in der Erde verborgen leben, haben hierfür besonders ausgebildete Extremitäten. Die Hinterbeine der Frösche sind oft auffallend lang. Sie werden in Ruheposition angelegt. Hüft- und Kniegelenke werden abgewinkelt, ebenso die Ellenbogengelenke der Vorderbeine.
Wenn Beute in Sicht ist oder bei Gefahr können viele Froschlurche dadurch sehr geschickt und zum Teil auch sehr weit springen.
Frösche, Kröten und Unken, von denen einzelne Vertreter in diesem Buch beschrieben werden, pflanzen sich durch Eier fort. Sie werden in Ballen, Schnüren oder auch einzeln abgelegt. Das Männchen umklammert bei der Eiablage das Weibchen mit den Vorderbeinen und besamt die Eier sofort. Aus den Eiern entwickeln sich nach kurzer Zeit Kaulquappen, die wie eine Kugel mit Schwanz aussehen. Im Verlauf der weiteren Entwicklung werden zuerst die Hinterbeine ausgebildet, danach die Vorderbeine.
Kurz bevor der fertige Froschlurch dann an Land gehen kann, wird der Kaulquappenschwanz zurückgebildet.

Der Tigersalamander, ein amphibischer Terrarienbewohner

Alle Amphibien haben eine stark mit Drüsen besetzte Haut. Diese Drüsen produzieren nicht nur Schleim, der die Tiere vor Austrocknung schützt, sondern auch Gifte zur Verteidigung und zum Schutz gegen Pilze und Bakterien, die in den stets feuchten Lebensräumen ideale Bedingungen finden. Die Giftwirkung ist unterschiedlich stark, von ernstzunehmenden Giften bis hin zu Hautsekreten, die für den Menschen keinerlei Wirkung zeigen.
Amphibien sind wie Reptilien wechselwarm.

VOGELSPINNEN

Mit 250-300 Millionen Jahren Alter gehören die Vogelspinnen zu den entwicklungsgeschichtlich alten Tierarten. Es gibt ca. 850 bekannte Arten; jedes Jahr werden neue beschrieben.
Der Körper besteht aus Vorderleib und Hinterleib. Auf dem Vorderleib sieht man den Augenhügel mit acht sehr kleinen Augen. Seitlich vom Vorderleib setzen die Extremitäten an: acht Beine, zwei Taster und zwei Fangklauen mit dazugehörigen „Zähnen". Der Vorderleib sowie die beschriebenen Extremitäten sind von einem relativ harten Chitinpanzer geschützt.
Der Hinterleib ist weich

Der Schmuck-Hornfrosch gehört zu den breitmauligen Fröschen.

und dehnungsfähig. Am Ende sieht man vier Spinnwarzen: zwei sind klein und unscheinbar, die anderen beiden auffällig lang. Sie sind unabhängig voneinander beweglich. Den Hinterleib kann man als eine Art Beutel betrachten, da er bei der Nahrungsaufnahme stark an Volumen zunimmt. Der Körper aller Vogelspinnen ist stark behaart. Es sind dies Geruchs-, Geschmacks-, Tast- und Hörhaare. Mit Hilfe der Tasthaare sind Vogelspinnen in der Lage, Beute zu orten, ihre Entfernung, Größe und Richtung festzustellen, um im richtigen Moment zuschlagen zu können.

Viele südamerikanische Arten besitzen Brennhaare auf dem Hinterleib. Diese Haare werden bei Gefahr zielgerichtet mit einem Bein abgefegt. Sie wirbeln durch die Luft und können auf Haut und Schleimhaut zu Hautrötungen und unangenehmem Juckreiz führen.
Im Gegensatz zur landläufigen Meinung ist das Vogelspinnengift für den Menschen keineswegs gefährlich. Die durch den Biß entstehende Wunde muß aber unbedingt desinfiziert werden.

Die Ernährung

Haben Vogelspinnen eine Beute, z.B. eine Grille, mit den Zähnen gepackt, so wird diese zwischen ihnen zerdrückt und dabei Magensaft und Gift in die Beute injiziert. Dieses Gemisch verflüssigt die Grille, die Flüssigkeit wird nun mit Hilfe des Saugmagens durch die sehr enge Speiseröhre in den Körper gesaugt. Dabei wird die Grille immer wieder gedreht und gewendet, um alles Verwertbare zu extrahieren. Danach werden unverdauliche Reste außerhalb des Baues abgelegt.
Da die Vogelspinnen äußerlich verdauen und somit fast keine Ballaststoffe in den Körper gelangen, ist ihr Kot flüssig. Er ist als weißlicher Tropfen an den Terrarienscheiben oder auf dem Boden sichtbar.

Die Häutung

Spinnen müssen sich häuten, da der Chitinpanzer nicht mitwachsen kann. Die Vogelspinne zieht sich für diese Zeit in ihren Bau zurück und nimmt keine Nahrung mehr zu sich. Im Körper wird durch hormonelle Umstellungen unter der alten Haut eine neue gebildet. Kurz vor der Häutung produziert die Spinne eine Häutungsflüssigkeit, die sich als Trennschicht zwischen die alte und die neue Haut legt. Bei der Häutung preßt sie alle Körperflüssigkeit in den Vorderkörper. Der Innendruck kann dabei bis auf das Doppelte ansteigen. Der Vorderkörper platzt auf, und die „neue" Spinne schlüpft aus ihrer alten Haut. Ihr Chitinpanzer ist jetzt noch weich. Augen, Lungen und Geschlechtsorgane sind mitgehäutet, beschädigte Sinneshaare oder Beine sind bei der Häutung regeneriert worden. Erschöpft bleibt die Spinne noch einige Stunden neben der alten Haut liegen. Bis zum Aushärten ihrer neuen Hülle kann sie wachsen. Wenn in der Häutungsphase Futtertiere im Terrarium sind, können sie der Spinne gefährlich werden.

Mangrovensümpfe – ein Lebensraum von Vogelspinnen

Die Fortpflanzung

Nach der Reifehäutung verändert sich der Körper der männlichen Tiere. Am auffälligsten sind dabei die Bulben genannten Begattungsorgane. Sie haben sich aus den Tastern gebildet und nur noch die Aufgabe, das Sperma zu übertragen. Die Beine sind länger geworden, und der Hinterleib hat sich verkleinert, da männliche Vogelspinnen gar nicht oder nur noch selten fressen. Nachdem eine geschlechtsreife männliche Vogelspinne ihr Sperma in die weibliche Geschlechtsöffnung gebracht hat, frißt das Weibchen große Futtermengen, aber nur manchmal zuerst ihren Partner.

Nach mehreren Wochen wird vom Weibchen der Eikokon gebaut. Er besteht aus Spinnfäden, die zu einer Kugel geformt werden, und kann, je nach Größe und Art der Spinne, bis Tennisballgröße erreichen. Manchmal ist er auch noch mit Reizhaaren vom Hinterleib gespickt, um die hineingelegten Eier zusätzlich zu schützen. Der Kokon wird vom Weibchen mit den Zähnen getragen.
Nach ca. 5–6 Wochen öffnet das Weibchen den Kokon, um die nun voll entwickelten Jungen aus der Kinderstube zu entlassen. Da sie in dieser Zeit nicht gefressen hat, braucht sie nun sehr große Nahrungsmengen, um sich kurz darauf zu häuten. Da die Geschlechtsteile mitgehäutet werden, muß sie danach erneut begattet werden. Jungspinnen häuten sich alle paar Wochen, ältere seltener, erwachsene Weibchen einmal im Jahr, alte Tiere nur noch alle zwei Jahre. Erwachsene männliche Vogelspinnen häuten sich nicht mehr. Sie verenden nach spätestens einem Jahr, wenn sie nicht vorher von einem Weibchen gefressen werden.

Die Lebensweise

Man teilt die Vogelspinnen je nach Lebensraum in drei große Gruppen ein:
Röhrenbewohner leben in selbstgebauten, unterirdischen Röhren, die sie selten oder nie verlassen. Die Röhren sind mit Spinnseide ausgekleidet, am Ende ist der Wohnkessel.
Bodenbewohner leben in bereits vorhandenen Höh-

len, die sie erweitert haben, zwischen Steinen oder in von ihnen leergeräumten Nagerbauten.
Baumbewohner leben in Baumhöhlen und Astlöchern, zwischen Palmenblättern oder auch als Kulturfolger einfach auf der Rückseite von Straßenschildern und im Gebälk von Häusern u.ä.

Hinweise zur Pflege

Vogelspinnen erreichen im weiblichen Geschlecht oft ein Alter von über 20 Jahren. Je älter sie werden, um so ruhiger werden sie auch. Alte Weibchen von friedlichen Arten müssen deswegen immer wieder für Fernsehshows herhalten.
Diese sensationslüsterne Zurschaustellung hat nichts mit ernsthafter Spinnenpflege zu tun. Da Vogelspinnen nicht in der Lage sind, mit dem Menschen zu kommunizieren, dient die Vorführung nur dem Selbstwertgefühl des Vorführenden.

TIP: Vogelspinnen sind Standortjäger und kehren nach kurzen Ausflügen oder bei Gefahr immer wieder in ihren Bau zurück. Dieses instinktgesteuerte Verhalten müssen wir ihnen mit Hilfe einer entsprechenden Einrichtung auch im Terrarium ermöglichen.

SKORPIONE

Skorpione gab es bereits vor etwa 430 Mio. Jahren in den Urmeeren, als die ersten Landpflanzen auftraten. Bis heute hat sich an ihrem Körperbau kaum etwas geändert. Sie gehören, ebenso wie die Vogelspinnen, zu den Spinnentieren. Wie diese müssen sie sich häuten. Viele Skorpione fressen danach die eigene Haut.
Skorpione haben acht Beine. Alle Körperteile gehen vom Kopf-Brust-Teil, dem Vorderkörper, ab. Vor dem ersten Beinpaar sitzen die Scheren, mit denen die Beute gepackt und festgehalten wird. Am Ansatzpunkt der Scheren kann man die 6 bis 8 Augen als dunkle Punkte erkennen. Der Hinterleib ist gegliedert und endet im Postabdomen (Schwanz) mit dem Giftstachel.
Die Gifte sind unterschiedlich stark. So gibt es Arten, deren Gift eine starke Schwellung an der Einstichstelle zur Folge hat. Andere Arten tragen in ihren Giftblasen tödliche Gifte. Seien Sie deshalb äußerst vorsichtig im Umgang mit Skorpionen, und üben Sie den Umgang mit Pinzetten und Pinzettscheren an der Terrarieneinrichtung.
Auch Skorpione haben feine Sinneshaare auf der Körperoberfläche. Die Augen dieser nachtaktiven Jäger spielen nur eine untergeordnete Rolle.
Skorpione sind lebendgebärend. Nach der Geburt klettern die Jungtiere auf den Rücken der Mutter und werden von ihr noch einige Zeit mitversorgt. Sie sind in dieser Zeit noch weiß, nach der nächsten Häutung nehmen sie die Farbe der Eltern an. Sie sind dann selbständig und verlassen die Mutter, um nicht von ihr gefressen zu werden.

Rotfuß-Vogelspinne

Kokon mit jungen Vogelspinnen

Was brauchen Terrarientiere?

Mit dem Kauf von gesunden Tieren, der richtigen Technik, einer naturnahen Einrichtung und Bepflanzung und den hier beschriebenen Pflegehandgriffen ist die Versorgung der Terrarientiere leicht.

Taggeckos nutzen senkrechte Einrichtungselemente.

Vogelspinnen mit ihrer ruhigen Lebensweise benötigen nicht viel Platz.

VORÜBERLEGUNGEN

Im Zoofachhandel werden nicht selten Jungtiere angeboten. Können Sie auch ein Terrarium für ausgewachsene Tiere der gleichen Art unterbringen? Sind Sie sicher, daß Sie die Tiere jederzeit mit geeignetem Futter versorgen können? Sind Sie bereit, sich eventuell eine kleine Futtertierzucht einzurichten oder einen längeren Weg in Kauf zu nehmen? Hat der Vermieter nichts gegen Terrarientiere einzuwenden? Bei Hausbesitzern erübrigt sich die Frage, jedoch kann ein Vermieter z.B. die Haltung von großen Würgeschlangen verbieten. Damit Sie dem Vermieter gegenüber kompetent argu-

Der Urwald hinter Glas: Bromelien schmücken jedes Terrarium.

Gecko-Haftlamellen

mentieren können, hier einige Gerichtsurteile. Die Haltung von kleinen Reptilien, Amphibien und Insekten ist mietrechtlich unbedenklich (Amtsgericht Essen, Az.: 9 C 109/95), die Schlangenhaltung wird jedoch von Richtern als ungewöhnlich eingestuft und bedarf der Genehmigung des Vermieters (Amtsgericht Langen, Az.: 52 C 709/87). Diese muß erteilt werden, wenn weder Gift- noch Riesenschlangen gehalten werden (Amtsgericht Rüsselsheim, Az.: 3 C 1049/86; Landgericht Bochum, Az.: 7 T 767/88; Oberlandesgericht Frankfurt, Az.: 20 W 149/90).
Von den Terrarientieren darf keine Geruchsbelästigung ausgehen (Amtsgericht Köln, Az.: 213 C 363/89).
Wenn die Tiere jedoch gelegentlich aus ihrem Terrarium ausbrechen, kann eine

Achten Sie auf gesunde Tiere! Die untere Schlange hat einen Häutungsschaden über dem Auge.

Genehmigung widerrufen werden, wenn bei den Mitbewohnern dadurch Ängste entstehen (Amtsgericht Frankfurt, Az.: 33 C 2974/86-50).
Akzeptieren die anderen Familienmitglieder Terrarientiere?
Wenn Sie alle Fragen positiv beantworten können, steht einem Terrarium nichts mehr im Wege.

KAUF VON TERRARIENTIEREN

Gehen Sie zum Kauf von Terrarientieren zu einem Zoofachhändler Ihres Vertrauens. Er wird sich mit Ihnen die Tiere genau anschauen (s. S. 63), Sie gut beraten und auch nach dem Kauf stets ein offenes Ohr für Fragen haben. Fragen Sie ihn!

RICHTIG ANFASSEN

Wie nehme ich Reptilien, Amphibien und Spinnentiere aus ihrem Terrarium? Ich gehe davon aus, daß Sie als Einsteiger in der Terraristik noch keine aggressiven Tiere halten, die Sie ernsthaft verletzen könnten. Sie müssen trotzdem wissen, wie Sie Ihre Tiere fachgerecht aus der vertrauten Umgebung des Terrariums nehmen.

Schlangen

Wenn Sie eine Schlange aus ihrem Behälter nehmen müssen, schauen Sie sich zuerst das Tier an: Reagiert es auf die Störung durch Ihre Hände im Terrarium gelassen, so nehmen Sie das Tier mit der einen Hand in der Mitte des Körpers und heben es an. Die zweite Hand wandert gleichzeitig zum Kopf und unterstützt ihn. Jetzt können Sie die Schlange ganz aus dem Terrarium nehmen. Ihre Hände oder Arme sind nun zu einer Art Kletterbaum geworden, auf dem sie neugierig herumturnt.
Die Hände im Terrarium sollten möglichst unterhalb der Schlange sein.
Drücken Sie mit den Händen nie zu, sondern fassen Sie einfach nach. Die Schlange reagiert auf das Festgehaltenwerden häufig nervös

Aus solch einem Versteck kann man Schlangen am besten mit einem Schlangenhaken herausholen.

und gereizt und versucht eventuell auch zu beißen. Große Schlangen nehmen Sie mit einem Schlangenhaken als verlängerten Arm auf und verfahren dann wie zuvor beschrieben.
Es ist leicht zu erkennen, wenn eine Schlange aggressive Absichten hat. Sie werden vom Tier mit den Augen fixiert. Gleichzeitig zieht sich der Vorderkörper S-förmig zurück, um schnell vorstoßen zu können. Damit Sie das Tier trotzdem hochnehmen können, verwenden Sie dann auch bei kleineren Tieren einen Schlangenhaken.

Echsen

Bei sehr ruhigen, zahmen Echsen greifen Sie mit der einen Hand von oben um den Brustkorb. Die andere Hand unterstützt gleichzeitig das Tier. Beim Herausnehmen haben Sie so eine Hand unter, die andere Hand über dem Tier.
Kleine, zarte Echsen fangen Sie am besten mit einer leeren, sauberen Futterschachtel. Der Deckel wird abgenommen, die Dose über das Tier gestülpt und der Deckel von der Seite schiebend wieder aufgesetzt. Das geht besonders gut, wenn sich die Echsen an der Glasscheibe aufhalten.
Schnelle, nervöse oder bissi-

Die Schlange hängt ruhig und kann jetzt behutsam und sicher in die Hand und aus dem Behälter genommen werden.

ge Echsen zu greifen, erfordert eine sichere Hand. Strecken Sie Ihre Hand flach aus und decken Sie die Echse damit zu. Die Fingerspitzen zeigen dabei in Richtung Kopf. Daumen und Zeigefinger fassen hinter den Kopf. Die restlichen Finger umschließen den Körper. So haben Sie Echsen bis zu einer Größe von ungefähr 25 cm sicher im Griff.
Bei größeren Echsen werfen Sie eventuell ein Tuch oder eine Leinendecke über das Tier und fassen es sofort hinter dem Kopf. Die andere Hand greift das Tier in Beckenhöhe und legt die Hinterbeine zum Schwanz hin zeigend an den Körper. Wenn Sie jetzt die Echse herausnehmen, brauchen Sie keine Verletzungen durch scharfe Krallen zu fürchten.

Amphibien
Molche fängt man schonend mit einem feinmaschigen Netz heraus. Halten Sie außerhalb des Wassers eine Hand über das Netz, um den Molch am Herauslaufen zu hindern.
Um Molche und Salamander in die Hand zu nehmen, fassen Sie sie vorsichtig hinter dem Kopf, wie bei Echsen. Umschließen Sie jedoch nur kurzfristig den gesamten Körper (Hitzeschock).

VORSICHT: Es kommt bei Amphibien schnell zu einem Hitzestau, da die Handtemperatur für die oft an kühlere Temperaturen gewöhnten Tiere zu hoch ist.

Sinnvolles Zubehör: Wärmestrahler, Näpfe, Pflegepräparate, Netz, Futterpinzetten und Korkeiche

Wenn Sie Schwanzlurche für längere Zeit aus dem Terrarium herausnehmen müssen, setzen Sie sie in Klarsichtdosen, in die Sie ein nasses Küchenpapier gelegt haben.
Kröten nimmt man mit Daumen und Zeigefinger hinter den Vorderbeinen hoch. Sie verhalten sich dann relativ ruhig. Laubfrösche „rollt" man seitlich mit mehreren Fingern von der Unterlage, auf der sie sitzen, um sie gleich darauf in eine Klarsichtdose mit feuchtem Küchenpapier zu überführen.
Rein im Wasser lebende Amphibien setzen Sie mit einem Netz in wassergefüllte, verschließbare Gefäße. Sie lassen sich durch ihre sehr schleimige Haut nämlich nur sehr schlecht in der Hand halten.

Vogelspinnen

Vogelspinnen lassen sich sehr gut wie kleine, zarte Echsen in einer Futterschachtel fangen. Friedliche Vogelspinnen kann man auch mit der Hand herausnehmen: Eine Hand wird flach vor das Tier gelegt, mit der anderen Hand berührt man leicht den Hinterleib. Die Vogelspinne geht von diesem Reiz weg auf die Hand.
Bleiben Sie mit der Vogelspinne immer dicht über einem Untergrund (Fußboden, Tisch o.ä.). Es wäre nicht das erste Mal, daß eine bodenbewohnende Vogelspinne von der Hand fällt und sich verletzt, da ihre Haftpolster nicht so ausgeprägt sind wie bei Baumbewohnern.

Skorpione

Skorpione nehmen Sie am besten mit Pinzetten oder Pinzettscheren aus ihrem Behälter und überführen sie sofort in verschließbare Dosen. Dazu stellt man eine Dose in das Terrarium. Eine Hand hält die lange Pinzette, mit der der Skorpion am Schwanz gegriffen wird. Die andere hält den passenden Deckel. Ist der Skorpion in der Dose, wird sofort der Deckel aufgelegt. Erst dann entläßt die Pinzette den Skorpion, und der Deckel wird sicher verschlossen.

Kletteräste im Regenwaldterrarium werden schnell berankt.

SAUBERKEIT

In der Natur erfolgt die Reinigung automatisch durch Regen und Wind sowie durch kleine resteverwertende Tiere, Pilze und Bakterien. Es ist ein geschlossener Kreislauf. Im Terrarium muß der Pfleger diese Aufgabe übernehmen, um seinen Tieren die bestmöglichen hygienischen Verhältnisse zu bieten.

BEWEGUNGSDRANG UND PLATZBEDARF

Das Revier von Terrarientieren kann in der Natur mehrere Quadratmeter oder nur wenige Quadratdezimeter groß sein. Wie groß es sein muß, richtet sich nach der Art, der Größe und dem Lebensraum des Tieres. So verläßt z.B. eine weibliche Vogelspinne ihren Bau nie, wenn sie genügend Wasser und Nahrung hat. Ein männlicher Taggecko beansprucht schon einen Teil eines Baumes, wenn nicht sogar den ganzen Baum.
Daraus ergibt sich für die Terraristik: Sehr agile (lebhafte) Tiere beanspruchen ein großes Terrarium, eher passive Tiere ein kleineres, Baumbewohner und kletternde Tiere ein hohes Terrarium, Bodenbewohner ein eher flaches.
Einige Beispiele: Ein Paar Grüne Leguane von 1,5 m Länge sollte, da es baumbewohnende Echsen sind, ein Terrarium von mind. 2 x 1 x 2,4 m (Länge x Tiefe x Höhe) bekommen.

Steine und Holzstücke bieten Versteckmöglichkeiten.

Für eine Kraushaar-Vogelspinne ist ein Behälter mit der Grundfläche 30 x 30 cm ausreichend. Als bodenbewohnende Vogelspinne ist für sie die Höhe von untergeordnetem Interesse.

DAS LICHT

Terrarientiere sind durch ihren ursprünglichen Lebensraum an bestimmte Lichtverhältnisse angepaßt. Eine tagaktive Echse aus Wüstenregionen wird in einem großen Terrarium unter einer Glühlampe von 60 W nie akzeptieren, daß es Tag ist und sich entsprechend (nicht) verhalten. Selbst ein nachtaktiver Laubfrosch braucht Licht, um zu wissen, wann es Nacht ist.

Die Lichtstärke wird in Lux gemessen. Hier einige Beispiele: Ein Hochsommertag in unseren Breiten bringt etwa 100.000 Lux. Davon sind auf der Blumenfensterbank noch ca. 5.000 Lux übrig. Abends, bei Leselampenbeleuchtung, sehen wir bei etwa 30 Lux noch genügend, um ein Buch zu lesen. Da in den tropischen und subtropischen Breiten der Erde die Sonne weit stärker ist als bei uns, können wir ein Terrarium gar nicht zu stark beleuchten.

Beleuchtungsdauer

Die Beleuchtungsdauer schwankt je nach Herkunft der Terrarientiere. Gut fahren Sie mit einem Mittel von 12 Stunden. In den Tropen ist dies ein Tag. Je mehr wir uns den gemäßigten Breiten nähern, um so mehr wird der Tag sich im Sommer verlängern und im Winter verkürzen.

Beleuchten Sie deshalb tropische Tiere im 12-Stunden-Rhythmus. Tiere aus den Subtropen erhalten im Sommer einen längeren Tag (14 Stunden), im Winter einen kürzeren (10 Stunden). Bei Tieren aus den gemäßigten Breiten verschiebt sich die Tageslänge noch weiter. Richten Sie sich dann nach unserer Tageslänge. Eine Veränderung der Tageslängen ist ein entscheidender Faktor für die Nachzucht.

Das richtige Licht

Es kommt dabei nicht nur auf die Lichtstärke, sondern auch auf die Lichtzusam-

Für die Körperpflege sorgen Terrarientiere auch selbst.

mensetzung an. Die Terrarientiere und darunter speziell die Reptilien benötigen drei Spektralbereiche der Sonne: die Wärmestrahlung, das sichtbare Licht und die UV-Strahlung. Der Wärmestrahlung (Infrarot-Strahlung) ist ein eigenes Kapitel gewidmet (siehe S. 21).

Die Terrarienbeleuchtung sollte mit einem tageslichtähnlichen Spektrum erfolgen. Diese Voraussetzung erfüllen spezielle Terrarien-Leuchtstofflampen sehr gut. Zudem haben diese Röhren den für unsere Terrarientiere wichtigen UV-A- und UV-B-Anteil. Da sie wenig Strahlungswärme abgeben, sind sie besonders für Regenwaldterrarien oder für Behälter mit Schwanzlurchen geeignet. Da diese Röhren im Terrarium angebracht werden sollten, nehmen wir spezielle Halterungen und kleben sie in das Terrarium. Bei größeren Terrarien lassen sich durch Kombination mit anderen Röhren gute Effekte erzielen. Pflanzenstrahler und Halogenspots können bei Laubfroschterrarien von außen die Heizung übernehmen oder als Punktstrahler in Wüsten- und Steppenterrarien zusätzlich den stark beheizten Teil erwärmen.

Quecksilber-Hochdrucklampen, auch HQL-Strahler genannt, haben eine große Lichtausbeute und strahlen außerdem noch viel Wärme ab. Sie werden deshalb für mittlere bis große Wüsten- und Steppenterrarien eingesetzt.

UV-Licht ist u. a. für die Einlagerung von Kalzium in das Knochengerüst der Reptilien notwendig: nur mit Hilfe von UV-Licht und Vitamin D3 kann dies geschehen. Vitamin D3 und Kalzium geben wir den Tieren über das Futter (siehe Seite 25), das UV-Licht über einen besonderen Strahler oder Röhren mit UV-Anteil. Der Ultra-Vita-Lux-Strahler ist für die Humanmedizin entwickelt worden und hat einen Verbrauch von 300 W. Er sollte aus einem Abstand von 80 cm für 15-30 Minuten brennen. Die Häufigkeit der Bestrahlung richtet sich nach der Herkunft der Tiere. Wüstentiere sollten täglich, Regenwaldtiere wö-

Die richtige Beleuchtung sorgt für das Gedeihen von Tieren und Pflanzen.

Sie tankt Licht und Wärme.

Solche Gittereinsätze sorgen für die nötige Belüftung.

chentlich bestrahlt werden. Da UV-Licht kurzwellig ist (unter 400 Nanometer), kann es Glas nicht durchdringen. Glas ist bleihaltig, und die kurzwelligen Strahlen werden dadurch absorbiert. Öffnen Sie zum Bestrahlen daher eine Frontscheibe des Behälters. Die Tiere werden die Lichtstärke und Wärme genießen und sich auf ihren angestammten Sonnenplatz begeben.
Wenn ein Tier in der Wachstumsphase durch das Fehlen von UV-Licht oder Vitamin D3 kein Kalzium einlagern kann, entzieht es dem vorhandenen Knochengerüst dieses Mineral. Die Folge ist, daß die Knochen weich werden. Man spricht dann von Rachitis, einer ernstzunehmenden Stoffwechselerkrankung. Unbehandelt führt Rachitis zu Verkrüppelungen oder gar zum Tod der Pfleglinge.

DIE LUFT

In der Natur wird die Luft durch Thermik und Wind immer wieder durchmischt und aufgefrischt. Das Terrarium muß die Luft aus dem Zimmer nehmen. Ein regelmäßig gelüftetes, beheiztes Zimmer ist daher als Standort des Terrariums gut geeignet.

Richtig belüften

Ein Terrarium hat in der Regel zwei Lüftungen. Eine in der Front oder auf der Seite unten und eine in der Deckscheibe bzw. Rückwand oder auf der gegenüberliegenden Seite oben. Wenn sich nun die Luft im Terrarium erwärmt, streicht sie durch die obere Lüftung hinaus. Gleichzeitig zieht frische Luft durch die untere Lüftung ins Terrarium. Bei dieser Diagonal-Lüftung entstehen keine toten Winkel. Luftfeuchtigkeit und Temperatur können gut gehalten werden. Man kann solche Behälter als Standardterrarium bezeichnen. Eine Sonderstellung nimmt das Aquarium ein. Ein Behälter, der nur von oben belüftet wird, kann als Terrarium nur sehr eingeschränkt genutzt werden. Er kann keinerlei Luftfeuchtigkeit und Temperatur halten und muß durch starke Strahler beheizt werden, damit sich eine Thermik für den Luftaustausch aufbaut. Das sind jedoch gute Voraussetzungen für rein bodenlebende Wüstentiere, die nachts einen starken Temperaturabfall benötigen.

Ventilatoren

Den Wind können wir in der Terraristik durch Ventilatoren ersetzen. Bei kleinen Terrarien reicht in der Regel die Thermik, um für ausreichende Luftbewegung zu sorgen. Bei Großterrarien genügt sie allein allerdings oft nicht, um ein für die Bewohner angenehmes Klima

zu schaffen. Es können Stellen entstehen, die keine Frischluft bekommen, und Schimmel und Fäulnis können sich ausbreiten. Hier kommen Ventilatoren zum Einsatz.
Umluftventilatoren werden nur innerhalb des Terrariums eingesetzt; vorzugsweise so, daß die Luft von den hinteren Ecken zu den Schiebescheiben geblasen wird. Dadurch werden die Innendekoration sowie die Glasfront trockengeblasen, ohne daß es zu einer Abnahme der Luftfeuchtigkeit kommt.
Abluftventilatoren ziehen die warme Luft aus dem Terrarium heraus. An heißen Sommertagen ist das ein nicht zu unterschätzender Vorteil, besonders bei der Haltung von Molchen und Salamandern.

TIP: Setzen Sie an heißen Sommertagen bei wärmeempfindlichen Amphibien Ventilatoren zur Kühlung ein.

DIE WÄRME

Sie kommt in der Natur nur von einer direkten Wärmequelle, der Sonne. Der Spektralbereich, der dafür zuständig ist, heißt Infrarot-Strahlung. Sie erwärmt alles, was sich in ihrem Strahlungsbereich befindet.

Richtig beheizen

Ziel ist es, für unsere wechselwarmen Pfleglinge möglichst verschiedene Temperaturzonen zu bieten. Dies wird durch den Einsatz von Heizkabeln, Heizmatten, Heizsteinen und Strahlern erreicht. Man unterscheidet dabei drei Terrarientypen.

Unbeheizt: Behälter für Molche und Salamander werden mit Leuchtstoffröhren beleuchtet, da diese kaum Wärme abgeben. Beispiel: Terrarium 60 cm x 40 cm x 40 cm, keine Bodenheizung, eine 15-W-Leuchtstoffröhre.
Behälter für Laubfrösche aus Nordamerika und China können vorteilhaft mit einem oder mehreren Pflanzenstrahlern oder Halogenspots, in deren Lichtkegel die Tiere Wärme tanken können, beheizt werden. Auch die Abwärme einer passenden Aquarienabdekkung reicht dafür aus. Beispiel: Terrarium 60 cm x 50 cm x 50 cm, keine Bodenheizung, Beleuchtung: zwei 15-W-Leuchtstoffröhren oder zwei 60-W-Pflanzenstrahler. Der Abstand der Strahler zum Glas ergibt sich aus der gewünschten Temperatur.

Mäßig beheizt: Für Echsen und Schlangen aus Nordamerika und China bau-

Beheizbarer Stein

Auch kleine Terrarien sind Schmuckstücke.

Sie zusätzlich eine kleine Bodenheizung (Heizmatte, Heizkabel, Heizstein) ein, da Reptilien ein größeres Wärmebedürfnis haben als Amphibien aus vergleichbaren Gebieten. Sie sollten etwa 30 % der Bodenfläche erwärmen. Energiebedarf ca. 50 W/m^2.

Beispiel: Terrarium 100 cm x 50 cm x 70 cm, Bodenheizung mit Heizkabel, -matte oder -stein, 25 W. Geheizte Fläche 50 cm x 30 cm. Beleuchtung: zwei 30-W-Leuchtstoffröhren.

Stark beheizt: Bei Tieren aus Steppen- und Wüstengebieten wird etwa 70 % des Bodens geheizt. Energiebedarf ca. 100 W/m^2. Zusätzlich werden Wärmestrahler innen eingesetzt, die auf der Fläche darunter eine Temperatur von 35–45 °C erzeugen. Da dies im Eigenbau geschieht, sichern Sie diese Strahler mit einem Fehlerstrom-Schutzschalter (FI-Schalter) ab.
Beispiel: Terrarium 100 cm x 50 cm x 70 cm, Bodenheizung mit Heizkabel oder -matte, 50 W. Geheizte Fläche: 70 cm x 50 cm. Pflanzenstrahler 60 W, innen eingebaut. Beleuchtung: vier 30-W-Leuchtstoffröhren oder 2 HQL-Strahler, 80 W.
Regenwaldterrarien mit tropischen Bewohnern werden gleichmäßig mit 100 W/m^2 beheizt.
Beispiel: Terrarium in der Größe 100 cm x 50 cm x 70 cm, Heizkabel 50 W, gleichmäßig verteilt. Beleuchtung: vier 30-W-Leuchtstoffröhren.
Bedenken Sie, daß auch alle Lichtquellen in die Wärmebilanz einfließen. Legen Sie die Bodenheizung nicht zu klein aus. Im Hochsommer auf die richtigen Temperaturen zu kommen, ist nicht schwer. Im Winter muß man aber dann womöglich an der Heizung nachbessern, was immer mit einer Neueinrichtung verbunden ist. Setzen Sie eventuell einen Thermostat ein, um im Sommer die Temperatur regulieren zu können. Richten Sie das Terrarium ein, und messen Sie dann die Temperatur an verschiedenen Stellen.

Haworthia fasciata

WASSER

In der Natur trinken die Tiere Regenwasser oder vom Oberflächenwasser aus Teichen, Seen und Flüssen. Bei Terrarientieren nehmen wir Leitungswasser mit Zimmertemperatur als Trinkwasser. Da Leitungswasser morgens hohe Kupferkonzentrationen aus den Rohren enthalten kann, verwenden Sie die ersten Liter zu anderen Zwecken.

Sprühen und gießen

Bei Regenfällen, beim Baden, wenn Tau fällt oder durch die Luftfeuchtigkeit nehmen alle Amphibien und Reptilien auch Wasser über die Haut auf. Mit dem Besprühen des Terrariums ahmen Sie Regen oder Tau nach. Dadurch erhöhen Sie auch die Luftfeuchtigkeit.
Wieviel Wasser in der Luft enthalten ist, wird in Prozent relativer Luftfeuchtigkeit gemessen. Die Luftfeuchtigkeit hängt von der Temperatur ab: steigt die Temperatur, so nimmt die Luftfeuchtigkeit ab. Fällt die Temperatur, so steigt die Luftfeuchtigkeit an.
Die Bedürfnisse der Tiere hinsichtlich der Luftfeuchtigkeit sind durch ihren natürlichen Lebensraum bestimmt. So ist ein Wüstentier, das ständig bei hoher Luftfeuchtigkeit gehalten wird, stark durch Pilze und Bakterien bedroht. Umgekehrt treten ebenso Schäden durch Austrocknung auf. Deshalb ist die Einhaltung des jeweiligen Luftfeuchtigkeitsbereichs sehr wichtig.
Immer wieder taucht die Frage auf, ob man in bepflanzten Terrarien, die häufig gesprüht werden, auch gießen muß. Diese Frage ist eindeutig mit „Ja" zu beantworten. Pflanzen im Terrarium verhalten sich wie eine bepflanzte Schale im Blumenfenster: die Wurzeln durchziehen mit der Zeit den gesamten Bodengrund und entziehen ihm das Wasser. Da Terrarien in der Regel über eine Bodenheizung erwärmt werden, verstärkt sich der Austrock-

Regelmäßiges Sprühen ist wichtig.

Euphorbie

nungseffekt noch mehr. Das hat zur Folge, daß Sie beim Gießen unter Umständen mehrere Liter Wasser in das Terrarium geben müssen. Haben Sie sich beim Gießen mit der Wassermenge verschätzt und es ist zuviel des Guten, erhöhen Sie die Lüftung, indem Sie die Schiebescheiben ein kleines Stückchen geöffnet lassen (natürlich nicht so weit, daß Tiere durch den Spalt entweichen können).
In Regenwaldterrarien wird morgens gegossen und gesprüht, damit die Einrichtung bis zum Abend abtrocknen kann. Bei Steppen- und Wüstenterrarien verlegen wir diese Pflegemaßnahme in die Abendstunden, da auch in der Natur in diesen Gebieten nach Sonnenuntergang die Temperaturen zum Teil drastisch absinken. Die Luftfeuchtigkeit geht dann sprunghaft in die Höhe.

Wurm-Mahlzeit

Futter wird im Napf oder auf den Kletterästen deponiert.

Luftfeuchtigkeit messen
Hygrometer auf Bi-Metall-Basis sind für unsere Zwekke ausreichend.
Vor dem Einbau, danach in größeren Abständen, müssen Hygrometer geeicht werden. Nehmen Sie dazu ein Geschirrtuch, machen Sie es unter dem Wasserhahn naß und drücken Sie überschüssiges Wasser wieder aus. Dann wickeln Sie den Hygrometer für drei Stunden darin ein. Nach dieser Zeit kann man davon ausgehen, daß innerhalb des Tuches eine Luftfeuchtigkeit von 95-98 % herrscht. Da dieser Wert in der Regel nicht angezeigt wird, nehmen Sie einen kleinen Schraubendreher und stellen den Zeiger an der rückseitigen Stellschraube auf den Wert von 95-98 % ein. Erst jetzt haben Sie einen Hygrometer, auf dessen Anzeige Sie sich verlassen können.

DER STANDORT

Das Terrarium sollte in erster Linie so stehen, daß es vor direkter Sonneneinstrahlung geschützt ist. Die Sonnenstrahlen werden durch das Glas gebrochen und wandeln sich in Wärmestrahlung um. Dies kann im Sommer innerhalb von Minuten zur Überhitzung des Behälters führen. Die Folgen kann man sich denken.

Daß die Terrarientiere durch Aufstellen des Behälters in Fensternähe zusätzlich UV-Strahlung bekommen, ist ein weit verbreiteter Irrtum (siehe Seite 20).

DAS FUTTER

In der Natur wird die Speisekarte der Tiere von den Jahreszeiten (Regenzeit - Trockenzeit; Sommer - Winter) bestimmt. Dadurch ist das Nahrungsangebot äußerst vielseitig. Im Terrarium muß der Pfleger für Abwechslung sorgen.
In gut sortierten Terrarienabteilungen der Zoofachgeschäfte wird ein reichhaltiges Angebot an Futterinsekten bereitgestellt.
Da sämtliche Futtertiere aus Zuchten stammen und das Spektrum, an der Natur gemessen, doch recht klein ist, können sie nicht in dem Maße die lebenswichtigen Vitamine und Mineralien enthalten, wie sie von unseren Pfleglingen benötigt werden. Deshalb geben Sie die zu verfütternde Menge Insekten in ein hohes, schlankes Glas (selbst Heimchen und Grillen können aufgrund ihres Sprungwinkels nicht heraushüpfen) und überpudern (nicht panieren) die Futtertiere mit einem Kalkpräparat sowie einem Vitaminpräparat. Diese Futterzusatzmittel bietet der Fachhandel an. Nachdem Sie das Glas leicht geschüttelt haben, um Kalk und Vitaminzusatz gleichmäßig zu verteilen, geben Sie das Futter ins Terrarium.
Füttern Sie immer nur so viel, wie in kurzer Zeit gefressen wird. Das Futter muß gierig aufgenommen werden. Nicht gefressene Futtertiere, die im Terrarium verbleiben, fressen die Pflanzen (Heimchen, Grillen, Heuschrecken) oder deren Wurzeln an (Schaben, Schwarzkäferlarven).
Beim Verfüttern von Mäusen und Ratten an Schlangen bepudern Sie die Futtertiere direkt. Futternager, die nicht innerhalb kurzer Zeit gefressen werden, müssen wieder aus dem Terrarium genommen werden. Es besteht sonst die Gefahr, daß die Schlangen angenagt werden, was schon zu Todesfällen geführt hat.

TIP: Füttern Sie Ihre Pfleglinge in deren Aktivitätszeit: tagaktive Tiere am Tage, nachtaktive Tiere am Abend.

Heimchen (links) und Stubenfliegen bekommt man im Zoofachhandel.

Terrarien gestalten

Der Lebensraum Terrarium

Unsere Terrarientiere stammen aus ganz unterschiedlichen Lebensräumen, die wir im Terrarium so weit wie möglich nachempfinden. Dieses Kapitel soll Ihnen bei der Einrichtung helfen.

Birkenfeigen eignen sich gut zur Bepflanzung.

Kleine Terrarien fügen sich harmonisch in jede Wohnungseinrichtung.

Grüne Leguane leben in tropischen Wäldern, hier ein Lebensraum in Kolumbien.

Dieffenbachien

REGENWALD

Die Regenwälder der Äquatorialzone zeichnen sich durch tägliche Regenfälle und kaum schwankende Tag- und Nachttemperaturen aus. Ein Teil des Niederschlags verdunstet wieder, um am nächsten Tag abzuregnen. Die Folge ist eine sehr hohe Luftfeuchtigkeit von 80–90 %. Die Temperatur beträgt durchschnittlich 25–28 °C. Dieses Klima ist ein Paradies für Pflanzen. Der Regenwald teilt sich in Etagen auf. In der feucht-warmen Humusschicht keimen die Samen der Bäume und Sträucher. Die Jungpflanzen warten darauf, daß einer der „Großen" umfällt. Dann können sie diesen Platz einnehmen. Die Bromelien sind Aufsitzerpflanzen. Sie krallen sich mit ihren Wurzeln in Astgabeln oder grober Rinde fest, ohne sie zu beschädigen. Dadurch stehen sie oft in der vollen Sonne. Das Regenwasser speichern sie in einer Zisterne, die aus ihren Blättern entstanden ist. Sie keimen oftmals auf kleineren Bäumen, um mit ihnen dem Licht entgegenzuwachsen. Es sind Pflanzen der mittleren Etage.

Lianen keimen auch in der unteren Etage. Da sie möglichst schnell zum Licht kommen wollen, benutzen sie große Bäume als Klettermöglichkeit. Sie machen sich dann in deren Kronen breit.

Wasser und Wärme ist im Regenwald im Überfluß vorhanden. Begrenzt sind dage-

Dracaena godseffiana

Drachenlilien: ***Dracaena reflexa*** **(links) und** ***Dracaena sanderiana***

gen Licht und Nährstoffe. Plätze mit Licht werden sofort wieder besetzt, Nährstoffe werden sofort verbraucht. Durch diesen Konkurrenzdruck hat sich, nicht nur im Bereich der Flora, eine unübersehbare Artenvielfalt entwickelt. Jede dieser ökologischen Nischen beherbergt für sie typische Tiere - in der Mehrzahl Baumbewohner. Regenwälder gibt es nicht nur im Bereich des Äquators, sondern auch in den subtropischen Zonen der Erde. Hier treten jahreszeitliche Schwankungen der Temperatur und des Niederschlags auf. Es gibt Regen- und Trockenzeiten, an die sich Flora und Fauna angepaßt haben. Diese Anpassung geht so weit, daß die Tiere und Pflanzen ohne Zeiten des Mangels bzw. Überflusses nicht mehr zur Fortpflanzung schreiten.

PFLANZEN FÜR REGENWALD-TERRARIEN

Die **Kletterfeige** *(Ficus pumila)* stammt aus China und Japan. Sie ist eine Kletterpflanze mit Haftwurzeln für die Begrünung der Rückwand oder von Kletterästen. Sie kann in kurzer Zeit ganze Rückwände überziehen und sollte immer wieder zurückgeschnitten werden. Austrocknen, auch nur kurzfristig, verträgt sie nur schlecht, sie braucht dann längere Zeit, um sich zu erholen. Es gibt sie in mehreren Sorten, die sich in Wüchsigkeit, Blattform und Blattfarbe unterscheiden. Die Stammform mit grünen Blättern verträgt auch dunklere Standorte.

Die **Birkenfeige** *(Ficus benjamini)* aus Indien ist ein kleiner Baum. Es gibt sie in vielen Varianten. Fragen Sie nach kleinbleibenden Sorten. Sie verträgt kurzfristiges Austrocknen gut. Wird der Benjamini zu groß, kann er bis weit in den verholzten Teil zurückgeschnitten werden. Sehr schön wirkt er als Solitär. Um gut zu wachsen, braucht er einen hellen Standort.

Die **Mistelfeige** *(Ficus diversifolia)* gehört mit ihrer Höhe von 50-60 cm zu den Zwergen unter den Feigen. Sie wächst in ihrer Heimat Indien oft als Aufsitzerpflanze und braucht daher ein gut durchlässiges Bodensubstrat und einen hellen Standort.

Die **Dieffenbachie** *(Dieffenbachia)* kommt ursprünglich aus den Tropen Amerikas. Durch die Sortenvielfalt läßt sich kaum noch ein Rückschluß auf die Art machen. Achten Sie beim Kauf auf Kleinwüchsigkeit. Am schönsten entwickeln sich die Blätter bei viel Licht.

Der **Kolbenfaden** *(Aglaonema pictum)* aus Malaysia ist wie die nachfolgende Art mit der Dieffenbachie verwandt. Er wird 40–50 cm hoch und kann als Solitär, in größeren Terrarien auch als Unterpflanzung verwendet werden. *Aglaonema treubii* aus Celebes hat die gleichen Ansprüche. Sie wird warm und feucht gehalten und verträgt auch einen Schattenplatz recht gut.

Am auffälligsten an der **Flamingoblume** *(Anthurium scherzerianum)* sind die roten Hochblätter der Blüten. In ihrer Heimat, dem tropischen Amerika, lebt sie als Epiphyt auf Bäumen. Sie möchte ein feuchtwarmes Klima und kommt an hellen Standorten auch im Terrarium zur Blüte.

Die **Fingeraralie** *(Dizygotheca elegantissima)* ist von den Neuen Hebriden im Pazifischen Ozean zu uns gekommen. Das feine, dunkle Blattwerk paßt sehr gut zu grünen Pflanzen. Sie kann bis ins alte Holz zurückgeschnitten werden.

Die **Bergpalmen** *(Chamaedorea elegans* und *metallica)* eignen sich sehr gut für Terrarien mit Taggeckos. Sie wachsen in die Höhe, ohne ausladend zu werden. Da sie in der Natur im Schatten der Bäume wachsen, kommen sie mit den Lichtverhältnissen im Terrarium gut zurecht.

Der **Croton** *(Codiaeum variegatum)* aus Indonesien möchte sehr viel Licht, ist aber dann ein Prunkstück für jedes größere Regenwaldterrarium. Auf Ballentrockenheit reagiert er mit Abwerfen der Blätter. Er kann, wie alle verholzenden Pflanzen, kräftig zurückgeschnitten werden.

Die **Keulenlilien** *(Cordyline)* haben eine große Artenvielfalt. Allen gemeinsam ist, daß sie recht robuste Terrarienpflanzen sind. *Cordyline*

Ficus benjamini **und links** ***Hoya australis***

TIP: Auch Keulenlilien kann man zurückschneiden. Die dabei entstehenden Kopfstecklinge können neben die Mutterpflanze in das Bodensubstrat gesteckt werden. Sie bewurzeln dort und bilden jeweils eine neue Pflanze.

terminalis aus den Tropen Asiens ist sicher die bekannteste und auffälligste Art.
Die **Drachenlilien** *(Dracaena)* sind das afrikanische Gegenstück der Keulenlilien und werden häufig mit diesen verwechselt. *Cordyline* hat weiße Wurzeln, *Dracaena* hingegen orangegelbe. Erwähnenswert sind vor allem *Dracaena sanderiana,* weil sie durch Rückschnitt sehr klein gehalten werden kann, und *Dracaena godseffiana,* die sich durch Kleinwüchsigkeit und eine von anderen Dracaenen abweichende Blattform auszeichnet. Ebenfalls gut geeignet ist *Dracaena reflexa* mit der Sorte 'Song of India'. Sie wächst sehr langsam und ist in der Blattform *D. sanderiana* ähnlich.
Die **Wachsblume** *(Hoya carnosa)* ist eine Liane aus dem tropischen Teil Australiens. Sie kann hervorragend Kletteräste umranken und möchte einen hellen Platz.

Vorbild für unsere Terrarienbepflanzung ist die Natur; hier die Purpurtute *(Syngonium)* am natürlichen Standort.

Neoregelia

Die **Maranten** *(Maranta leuconeura* und *bicolor)* sind zwei kleinwüchsige Vertreter. Ihr farbiges Blattwerk und die kleinen violetten Blüten machen sie zum Schmuckstück eines jeden Regenwaldterrariums.
Mit ihrer Wüchsigkeit verblüfft die **Efeutute** *(Scindapsus aureus).* Mit ihren Kletterwurzeln heftet sie sich an die Rückwände der Terrarien und bildet eine Blätterwand. Sie muß häufig zurückgeschnitten werden. Ähnlich, jedoch nicht so wuchsstark, ist *Syngonium podophyllum.*
Auf alle geeigneten **Bromelien** und **Tillandsien** (grüne) einzugehen, ist im Rahmen dieses Buches unmöglich. Stellvertretend für diese große Gruppe möchte ich Ihnen zwei vorstellen, die auch für Einsteiger gut haltbar sind und klein bleiben:
Der **Erdstern** *(Cryptanthus)* ist eine Erdbromelie aus Brasilien. Sie kann im Terrarium sehr gut in den Vordergrund gesetzt werden und kommt dort auch zur

Guzmania musaica im natürlichen Lebensraum

Blühende Orchidee *(Phalaenopsis)* im Terrarium

Blüte. Die epiphytisch wachsende Art **Neoregelia** „Fireball" hat einen Durchmesser von ca. 25 cm. Auch nach der Kindelbildung bleibt die Mutterpflanze erhalten, so daß im Laufe der Zeit eine hübsche Gruppe entsteht.
Das **Zypergras** *(Cyperus)* ist eines der Gräser, die im Terrarium gut haltbar sind. Es ist in Afrika beheimatet. Die Art *C. alternifolius* erreicht eine Höhe von ca. 80 cm und wirkt sehr zierlich, *C. zumulus* hat ein breiteres Blatt und erreicht nur ca. 60 cm Höhe. Beide lieben einen nassen Boden und können auch im Wasser stehen.

GESTALTEN EINES REGENWALD-TERRARIUMS

Materialien

Terrarium mit Diagonallüftung, Sicherheitsunterlage, Heizkabel, Thermostat, Beleuchtung und Leuchtstoffröhren, Hygro-Thermometer, Korkrückwand, Silikonkautschuk auf Essigsäurebasis, Kletterast, z.B. aus Moorkienholz, Mooreiche oder anderen aquarientauglichen Hölzern, Terrarienerde oder Torf, Pflanzen, Wasserschale.

Werkzeuge

Teppichmesser; längeres, gerades Brett o.ä. als Lineal zum Zuschneiden der Rückwand; Feinsäge; Bohrmaschine.

Das Einrichten

Die Frontscheiben werden herausgenommen. Das Terrarium wird innen mit Wasser, dem ein Spritzer Brennspiritus zugesetzt wurde, gereinigt. Dann wird es so gedreht, daß es auf der hinteren Scheibe zu liegen kommt. Schneiden Sie mit einem Teppichmesser die Korkrückwand zu. Rechnen Sie rundum eine Dehnungsfuge von 2 mm ab.
In gleichmäßigen Abständen wird Siliconkautschuk punktförmig auf die hintere Scheibe aufgetragen. Die Rückwand wird eingeklebt, beschwert und muß nun ca. 12 Stunden trocknen. Danach wird das Terrarium auf die Sicherheitsunterlage gestellt. Sie gewährleistet ei-

nen spannungsfreien Stand des Behälters.
Das Heizkabel wird durch eine Bohrung in der Lüftung in den Behälter geführt und spiralförmig am Boden verlegt. Der Bodengrund wird, je nach Terrariengröße, ca. 6-15 cm hoch eingefüllt und leicht angedrückt. Der Kletterast wird passend gesägt und im Terrarium in den Hintergrund dekoriert. Die Pflanzen werden ausgetopft und eingesetzt. Achten Sie darauf, daß Kletterpflanzen an die Rückwand bzw. den Kletterast gesetzt werden. Eine, ab 120 cm Terrarienlänge zwei größere Pflanzen werden als Solitäre (Einzelpflanzen) in das entstehende Bild gefügt. Ein paar niedrigbleibende Vordergrundpflanzen vervollständigen die Inneneinrichtung.
Vergessen Sie nicht, für die Wasserschale einen leicht erreichbaren Platz zu wählen.
Erstellen Sie vom fertig eingerichteten Terrarium ein Klimaprofil, indem Sie Temperatur und Luftfeuchtigkeit an verschiedenen Punkten messen und auf einem Blatt Papier an den entsprechenden Koordinaten eintragen. So können Sie später Höchst- und Tiefsttemperaturen sowie Luftfeuchtigkeiten im Behälter besser beurteilen, wenn das Hygrothermometer fest installiert ist. Beispiel: Sie lesen auf dem an der Rückwand befestigten Hygro-Thermometer 28 °C bei 70 % Luftfeuchtigkeit ab. Sie schauen auf Ihr Blatt mit dem Klimaprofil und wissen, daß an Punkt A 25 °C bei 80 %, an Punkt B 32 °C bei 60 % herrschen usw.
Das zuvor geeichte Hygro-Thermometer wird an einer leicht einsehbaren Stelle an der Rückwand befestigt.

TIP: Kaufen Sie Wurzeln im Zoofachgeschäft, verwenden Sie keine Wurzeln aus dem Wald. Die Gefahr, daß Sie dadurch Krankheitserreger und Milben einschleppen, ist sehr groß.

PFLANZBEISPIEL

Um dem Einsteiger die Pflanzenauswahl zu erleichtern, hier ein Beispiel für eine dekorative Bepflanzung eines Regenwaldterrariums mit den Maßen 60 x 50 x 50 cm. Für den Hintergrund: ein *Ficus repens* und eine *Maranta bicolor*. Als Solitärpflanze: eine *Dracaena reflexa* 'Song of India'. Für den Vordergrund: zwei bis drei *Cryptanthus*.

BESATZBEISPIEL

Zwei bis drei Amerikanische Laubfrösche *(Hyla cinerea)* oder Veränderliche Laubfrösche *(Hyla versicolor)* und ein Pärchen Rotkehlanolis *(Anolis carolinensis)*.

Bambusstäbe wirken dekorativ und natürlich.

Die Steppe ist ein karger, trockener Lebensraum.

STEPPE

Die Steppen sind gekennzeichnet durch trockene, heiße Sommer und feuchte, kühlere „Winter". Typische Gegenden sind die afrikanische Savanne und die südamerikanische Pampa. Es können je nach Breitengrad auch zwei Regen- bzw. Trokkenzeiten vorkommen.
Die Pflanzenwelt hat sich in ihrem Lebensrhythmus darauf eingestellt. Zwiebelgewächse (Tulpen, Hyazinthen) und eine Vielzahl unserer einjährigen Sommerblumen stammen aus Steppenklimaten. Die häufigsten Pflanzen sind jedoch Gräser und laubabwerfende Bäume und Sträucher.
Die Tageslänge beträgt im Wechsel des Jahres zwischen 10 und 14 Stunden. Die Tag-/Nachttemperatur kann bis zu 20 °C schwanken. Die Tiere reagieren in den kühleren Jahreszeiten mit einer Ruhephase, die zur Fortpflanzung nötig ist.

PFLANZEN FÜR DAS STEPPENTERRARIUM

Der **Lavendel** *(Lavendula officinalis)* ist als Gewürzpflanze bekannt. Im Topf weitergepflegt und immer wieder zurückgeschnitten, bildet er im Laufe der Zeit hübsche Horste.
Alle Sukkulenten der Gattungen *Echeveria, Crassula, Haworthia, Gasteria, Aloe, Sanseveria* sind ebenfalls geeignet, wenn sie relativ klein bleiben.
Viele Angehörige der Gattung *Tillandsia* sind Steppenpflanzen, sofern sie silbrig beschuppt sind. Sie werden als sog. **„Steinpflanzen"** verkauft.
Vermeiden Sie Agaven, auch Jungpflanzen, da hier die

Verletzungsgefahr durch die dornähnlichen Stacheln sehr groß ist.

TIP: Die für Steppenterrarien geeigneten Pflanzen benötigen sehr viel Licht. Deshalb läßt man sie in den Töpfen. Zwei- bis dreimal im Jahr tauscht man sie aus und gönnt ihnen eine Erholungspause auf der Fensterbank oder im Garten.

EINRICHTEN EINES STEPPEN-TERRARIUMS

Sie benötigen die gleichen Grundmaterialien wie bei einem Regenwaldterrarium. Die Rückwand wird etwas heller gewählt. Installieren Sie zusätzlich einen Wärmestrahler oder Heizstein im Terrarium, so daß auf dem Platz darunter eine Temperatur von 35–45 °C erreicht wird. Als Wärmestrahler eignen sich herkömmliche Pflanzenstrahler recht gut. Sie geben sehr viel Wärme und noch zusätzliches Licht. Heizsteine bringen in der Regel 10 °C mehr, als die Umgebungstemperatur ist.
Der Bodengrund sollte etwas Feuchtigkeit speichern können, ohne selbst naß zu sein. Deshalb verwenden wir Rindenhumus bzw. ein Torf-Sand-Gemisch (1:1) oder ein fertiges Substrat

Lebensraum der Bartagame ir Australien

mit ähnlichen Eigenschaften. Eine Ecke kann auch mit reinem Sand gestaltet werden.
Die Dekoration besteht in der Hauptsache aus Steinen und Wurzeln. Einige Pflanzen werden mit den Töpfen in den Boden eingesenkt und die Topfränder mit Steinen abgedeckt. Verwenden Sie glatte Steine wie Schiefer oder Sandsteine, die sich leicht reinigen lassen. Ein kleines Wasserbecken darf nicht fehlen. Nachts werden alle Wärmelieferanten ausgeschaltet.

Ungewöhnliche Terrarienform

Einrichtungsbeispiel
für ein Terrarium mit den Maßen 80 x 50 x 70 cm:
Nachdem alle technischen Geräte installiert sind, wird auf der einen Seite ein Steinaufbau aus Schiefer oder Sandsteinplatten in reinen Sand gesetzt. Er nimmt etwa ein Viertel der Fläche ein. Der Bodengrund wird eingebracht. Eine schön verzweigte Wurzel verläuft vom Steinaufbau zum Bodengrund. Auf die andere Seite kommt eine größere *Crassula* und eine *Haworthia*. Die Wasserschale wird davor plaziert.

Besatzbeispiel
Maskenleguane: ein Männchen und drei Weibchen.

Eher klassische Form. Praktisch sind die großen Schiebetüren.

WÜSTE

Immer größere Flächen der Erde werden von Wüsten bedeckt. Die Pflanzen haben sich durch Sukkulenz (Wasserspeicherfähigkeit), tiefreichende Wurzelsysteme und andere Überlebensstrategien den im Grunde genommen lebensfeindlichen Regionen angepaßt. Wasser ist Mangelware, darum ist nur ein spärlicher Pflanzenwuchs möglich. Durch die fast fehlende Vegetation ist so gut wie keine Speicherkapazität für Temperatur und Feuchtigkeit vorhanden. Dadurch kommt es zu hohen Tag- und niedrigen Nachttemperaturen. Diese Temperaturunterschiede haben zur Folge, daß der überwiegende Teil der vorhandenen Feuchtigkeit sich als Tau niederschlägt, um bei steigenden morgendlichen Temperaturen sofort wieder zu verdunsten.
Um in diesen Extremen zu überleben, haben sich viele Reptilien an Nachtaktivität und/oder unterirdische Lebensweise angepaßt. Abends kommen sie aus ihren Tagesverstecken, um zu jagen. Die wenigen tagaktiven Reptilien verlassen morgens ihren Bau, sonnen sich, jagen und kehren noch vor der größten Tageshitze in ihren Bau zurück. Das glei-

Die Wüste – trocken, heiß und ohne Leben?

che kann sich am Abend noch einmal wiederholen. Wasser wird durch das Auflecken von Tautropfen und über die Haut aufgenommen.

PFLANZEN FÜR DAS WÜSTENTERRARIUM

Alle Arten der Gattung *Euphorbia* sind geeignet, sofern sie nicht stark bestachelt sind, ebenso Angehörige der Gattungen *Lithops* u.ä., die unter dem Sammelbegriff „Lebende Steine“ im Handel erhältlich sind. Keine Kakteen wegen der Verletzungsgefahr!

EINRICHTEN EINES WÜSTENTERRARIUMS

Wie beim Regenwaldterrarium beschrieben, wird die Rückwand eingeklebt. Die größer ausgelegte Heizung wird installiert, ebenso der Wärmestrahler und die starke Beleuchtung, die im Sommer länger in Betrieb ist als im Winter. Auch in einem Wüstenterrarium darf ein Hygro-Thermometer nicht fehlen. Als Bodengrund verwenden wir Sand. Die Dekoration besteht vorwiegend aus Wurzeln und Steinen. Die Tiere benötigen keine Bepflanzung, deshalb verwenden wir wenige oder gar keine Pflanzen.

TIP: Durch die Wühltätigkeit vieler Echsen sind schon Höhlen eingestürzt. Bauen Sie deshalb zuerst aus Wurzeln und Steinen Höhlen für die Tiere. Danach bringen Sie den Sand ein.

Gasterie

Einrichtungsbeispiel
für ein Terrarium mit den Maßen 120 x 60 x 80 cm: Die helle Rückwand wird eingeklebt. Ein massiver Steinaufbau wird auf einer Styroporunterlage auf die Bodenscheibe gesetzt. Einen großen Kletterast bringen Sie im Hintergrund unter. Als Bodengrund wird Sand eingefüllt, eine Wasserschale kommt in den vorderen Bereich.

Besatzbeispiel
Ein Männchen und zwei Weibchen der Bartagame *(Pogona vitticeps)*.

Schlangenterrarium mit Kletterästen

EINRICHTEN EINES MOLCHAQUARIUMS

Verwenden Sie für ein Molchaquarium ein handelsübliches Aquarium mit Beleuchtung, Filter und Thermometer.

Dichten Sie die Durchlässe für Kabel und Schläuche mit Silikon ab, weil Molche und Krallenfrösche in der Lage sind, an Glaswänden und Schläuchen hochzuklettern. Man findet sie dann als Mumien irgendwo in der Wohnung wieder. Für die Frischluftzufuhr sorgt ein Abluft-Ventilator, der in die Abdeckung eingebaut wird. Dieser sorgt auch gleichzeitig für Verdunstungskälte bei den wärmeempfindlichen Molchen. Nur für Krallenfrösche wird ein Aquarienheizer eingesetzt.
Das Aquarium

TIP: In der heißesten Zeit des Sommers versuchen Sie es mit folgendem „Kühlaggregat“: Kaufen Sie im Baustoffhandel einige Mauersteine (Hartbrandklinker), kühlen Sie diese im Gefrierschrank und legen Sie jeden Morgen die erforderliche Anzahl zum Kühlen des Wassers ins Aquarium.

Lebende Steine *(Lithops)*

wird für Molche zu 80 %, für Krallenfrösche und Axolotl zu 100 % mit Wasser gefüllt. Für Molche wird ein kleiner Landteil aus Zierkork oder Wurzelholz eingebaut.

Für die Bepflanzung verwenden wir robuste Aquarienpflanzen wie Hornkraut, Wasserpest und Vallisnerien. Fragen Sie danach in der Wasserpflanzenabteilung Ihres Zoofachgeschäftes.

Molchaquarium mit vielen Pflanzen

TIP: Da Bachröhrenwürmer (Tubifex) sich sehr schnell im Bodengrund eingraben, nehmen Sie einen kleinen Futternapf für Hamster, setzen ihn auf den Bodengrund und geben die Tubifex dort hinein.

DAS TERRARIUM FÜR VOGELSPINNEN UND SKORPIONE

Vogelspinnen sind Standortjäger und benötigen deshalb nur kleine Behälter. Ein Terrarium von 30 x 30 x 20 cm für Bodenbewohner und 30 x 30 x 40 cm für Baumbewohner ist deshalb ausreichend für die meisten Arten. Lediglich für Baumbewohner sollte evtl. ein Heizkabel im Bodengrund verwendet werden.

Die Bodenbewohner halte ich seit Jahren mit Erfolg bei Zimmertemperatur. Der Grundgedanke dabei war, daß Bodenbewohner einer mehr oder weniger stark ausgeprägten Grabtätigkeit nachgehen. Bei zu hohen Temperaturen ziehen sie sich stärker zurück, um der Hitze außerhalb des Baues zu entgehen und drinnen kühlere Temperaturen zu finden. Wenn dort nun ein Heizkabel installiert ist, werden die Spinnen empfindlich gestört.

Der erdähnliche Spezial-Bodengrund für Terrarien wird 6–10 cm hoch eingefüllt. Für Bodenbewohner wird ein Unterschlupf in Form von Zierkork o.ä., für

Molch-Lebensraum

Baumbewohner ein Kletterast eingebracht. Ein Wassernapf vervollständigt die Einrichtung. Beide Terrarientypen können bepflanzt werden.
Skorpione aus Regenwäldern und Steppen werden in Vogelspinnenterrarien für Bodenbewohner gehalten. Je nach Größe der Tiere wählt man größere Terrarien. Für Wüstenbewohner tauscht man den Bodengrund gegen Sand aus.

DIE PFLANZENPFLEGE

Fragen Sie in Gärtnereien, Zoofachgeschäften oder Märkten nach den entsprechenden Pflanzen mit wissenschaftlichem und deutschem Namen. Wenn Sie nicht selbst Kenntnisse haben, meiden Sie Einkaufsmöglichkeiten, wo Ihnen keine entsprechenden Auskünfte gegeben werden.

Vogelspinne vor der Häutung

Das Pflanzen

Nachdem Sie Ihr Pflanzensortiment erstanden haben, duschen Sie es unter lauwarmem Wasser gründlich ab, um eventuelle Rückstände von Pflanzenschutzmitteln auf den Blättern zu entfernen. Sortieren Sie die Pflanzen nach Vordergrund, Hintergrund und Solitärpflanzen.
Vor dem Einsetzen in das Terrarium entfernen Sie den Topf sowie die oberste Erdschicht. Beim Pflanzen füllen Sie nur soviel Erde an, daß die Pflanzen im neuen Substrat in gleicher Höhe zu stehen kommen, wie sie zuvor im Topf gestanden haben. Nach dem Pflanzen gießen Sie das ganze Terrarium an, um den Wurzeln Bodenschluß im neuen Substrat zu geben. Dadurch verhindern Sie, daß der Topfballen austrocknet, obwohl die Pflanze in feuchter Erde steht. Bedenken Sie, daß sich der Bodengrund nach dem Angießen setzt.
Es gibt eine Vielzahl von terrariengeeigneten Pflanzen. Wenn Sie herausfinden wollen, ob eine von Ihnen ausgesuchte Pflanze geeignet ist, setzen Sie sie an die hellste Stelle im Terrarium. Wählen Sie immer Jungpflanzen aus, da diese sich besser an die veränderten Lichtverhältnisse gewöhnen.
Durch die Terrarienbewohner verschmutzte Pflanzen

Ein ideales Terrarium für Vogelspinnen

Bei regelmäßiger Pflege gedeihen die Pflanzen prächtig.

werden mit einem in warmes Wasser getauchten Schwamm vorsichtig abgewischt. Dies ist wichtig, weil Kot, abgesehen vom hygienischen Standpunkt, auf Pflanzenblättern Verätzungen hervorrufen kann. Diese Schäden zeigen sich als braune Flecken, was sehr unschön aussieht. Während die eine Hand den Schwamm hält, legt man in die andere das Blatt und wischt vorsichtig vom mittleren Blattnerv zum Rand oder vom Blattstiel zur Spitze. Die Hand unterstützt dabei das Blatt, damit es nicht einreißt.

Da „normale" Gärtnereien oft nur eine kleine Auswahl sukkulenter Pflanzen bieten können, wenden Sie sich bei der Auswahl besonderer Sukkulenten an Spezialgärtnereien. Viele verschicken auch Kataloge und Pflanzen im gesamten Inland.

Ritteranolis auf Efeutute

Porträts und Pflegetips

Terrarientiere für Einsteiger

Um die Auswahl ein wenig zu erleichtern, werden hier Terrarientiere vorgestellt, die auch von Einsteigern leicht zu pflegen sind. Ein weiteres Kriterium ist der Artenschutz: die Tiere werden gezüchtet oder kommen in so großer Anzahl vor, daß ihr Bestand nicht gefährdet wird.

Amerikanischer Laubfrosch

Korallenfinger

Die Kurzbeschreibungen leicht zu haltender Terrarientiere enthalten Angaben, ob die Tiere aus Nachzuchten (NZ), Farmzuchten (FZ) oder Wildfängen (WF) stammen.

Dies bezieht sich auf den größten Teil der angebotenen Tiere, was nicht ausschließt, daß von beschriebenen Wildfängen auch Nachzuchten angeboten werden und umgekehrt. Die erste angegebene **Temperatur** bezieht sich auf die durchschnittliche Terrarientemperatur, die zweite Angabe auf die Höchsttemperatur. Der erste **Luftfeuchtig-**

keitswert ist für den Tag, der zweite Wert für die Nacht. Alle Angaben sind ungefähre Werte. Bei der **Vergesellschaftung** von kletternden und bodenlebenden Tieren gehen Sie bei der Terrarienfläche von den am Boden lebenden, für die Höhe von den auf Bäumen lebenden Tieren aus. Die Vorschläge zur Vergesellschaftung beziehen sich auf in diesem Buch besprochene Tiere.

Amerikanischer Laubfrosch
Hyla cinerea **WF**

Größe: 5-6 cm
Aktivitätszeit: Dämmerung und Nacht
Heimat: Nordamerika, von New York westlich bis Kansas und südlich bis Texas; die höheren Gebirgslagen werden gemieden.
Biotop: in Gewässernähe auf Büschen, hohen Pflanzen sowie Bäumen
Einrichtung: Regenwaldterrarium mit großblättrigen Pflanzen
Temperatur: Zimmertemperatur, unterhalb eines Strahlers bis 29 °C, nachts Zimmertemperatur
Luftfeuchtigkeit: 60-80 %
Futter: Grillen, Heimchen, Fliegen, kl. Heuschrecken, Wachsmaden, Wachsmotten
Winterruhe: bei 10-14 °C für 4-6 Wochen
Besonderes: gewöhnen sich schnell an andere Fütterungszeiten und fressen auch am Tag
Vergesellschaftung: Rotkehlanolis, Veränderlicher Laubfrosch, Chin. Laubfrosch

Veränderlicher Laubfrosch
Hyla versicolor **WF**

Bis auf das etwas weiter nördlich gelegene Vorkommen (Südkanada bis Nordflorida) und das Aussehen unterscheidet sich die Haltung von *Hyla versicolor* nicht von *Hyla cinerea*.

Veränderlicher Laubfrosch

Chinesische Rotbauchunken werden im Aquarium gepflegt.

Vergesellschaftung: Schwarznarbenkröte, Ritteranolis, Großer Madagaskar-Taggecko

Chinesische Rotbauchunke *Bombina orientalis* NZ

Größe: 6 cm
Aktivitätszeit: am Tag
Heimat: Nordost-China, Nordkorea
Biotop: fließende Gewässer
Einrichtung: Molchaquarium, gut bepflanzt
Temperatur: Zimmertemperatur
Futter: Fliegen, Heimchen, kleine Grillen, Würmer
Besonderes: können ein

Korallenfinger *Litoria caerulea* NZ

Größe: 10-12 cm
Aktivitätszeit: Dämmerung und Nacht
Heimat: Australien
Biotop: in Strauchwerk und auf Bäumen; als Kulturfolger auch an und in Häusern
Einrichtung: Regenwaldterrarium
Temperatur: 23-26 °C
Luftfeuchtigkeit: 60-80 %
Futter: Heimchen, Grillen, Heuschrecken, Schaben, Schwarzkäferlarven, Babymäuse
Besonderes: ein gieriger Fresser, der nur etwa zweimal die Woche gefüttert werden sollte

Krallenfrosch; die Krallen an den Hinterfüßen sind sehr schön zu sehen.

Schwarznarbenkröte

sehr hohes Alter erreichen
Vergesellschaftung: Chin. Feuerbauchmolch, Grüner Wassermolch

Krallenfrosch
Xenopus laevis NZ

Größe: um 10 cm
Aktivitätszeit: Dämmerung und Nacht
Heimat: große Teile Afrikas südlich der Sahara
Biotop: stehende und fließende Gewässer
Einrichtung: ungeheiztes Aquarium
Temperatur: 20–35 °C, Winterruhe bei 10–12 °C
Futter: Kleinkrebse, Wasserinsekten, Fische, Regenwürmer, sehr gefräßig
Besonderes: Kulturfolger, kann Trockenzeiten im feuchten Bodenschlamm der Gewässer überdauern
Vergesellschaftung: keine

Zwergkrallenfrosch
Hymenochirus boettgeri NZ

Größe: 3–4 cm
Aktivitätszeit: am Tag
Heimat: westl. Afrika
Biotop: Regenwaldgewässer mit starkem Pflanzenwuchs
Einrichtung: geheiztes Aquarium
Temperatur: 23–30 °C
Futter: Wasserflöhe, Mückenlarven, Tubifex
Besonderes: dieser zeitlebens aquatile Frosch kann schon in sehr kleinen Aquarien gehalten werden
Vergesellschaftung: mit anderen Arten der gleichen Gattung.

Schwarznarbenkröte
Bufo melanosticus WF

Größe: 12 cm
Aktivitätszeit: Dämmerung und Nacht
Heimat: Südasien
Biotop: vom Tiefland bis in bergige Regionen in lichten Waldgebieten
Einrichtung: Regenwaldterrarium
Temperatur: 25–28 °C, nachts 20–23 °C
Luftfeuchtigkeit: 70–90 %
Futter: Heimchen, Grillen, Heuschrecken, Regenwürmer, Babymäuse
Besonderes: werden sehr schnell zahm und nehmen dann Futter von der Hand
Vergesellschaftung: Korallenfinger, Ritteranolis, Großer Madagaskar-Taggecko

Zwergkrallenfrosch

Agakröte
***Bufo marinus* WF**

Größe: um 15 cm
Aktivitätszeit: Dämmerung und Nacht
Heimat: Südtexas bis Mexiko, weltweit in zusagende Biotope verschleppt
Biotop: Waldränder, in Gärten als Kulturfolger
Einrichtung: halbtrockenes Terrarium
Temperatur: um 25 °C, in der Nacht kühler
Luftfeuchtigkeit: 50–60 %
Futter: gesamte Insektenpalette, Würmer, Nacktschnecken, Mäuse
Besonderes: Verschleppte Tiere werden in tropischen Gebieten durch ihre ungeheure Vermehrungsrate und nicht vorhandene Feinde zum ökologischen Problem.
Vergesellschaftung: Grüner Leguan, Tokeh

Agakröte

Krokodilmolch

Krokodilmolch
***Tylototriton verrucosus* WF**

Größe: 20 cm
Aktivitätszeit: Dämmerung und Nacht
Heimat: westl. China, Birma, Thailand
Biotop: an feuchten, schattigen Stellen unter Steinen und Laub
Einrichtung: Regenwaldterrarium, Bodengrund täglich ansprühen, jedoch nicht versumpfen lassen
Temperatur: Zimmertemperatur, Winterruhe um 15 °C
Futter: Regenwürmer, Nacktschnecken, Maden, kleine Schaben
Besonderes: wärmeempfindlich, daher an heißen Sommertagen Ventilator einsetzen
Vergesellschaftung: keine

Feuersalamander
***Salamandra salamandra* NZ**

Größe: ca. 25 cm
Aktivitätszeit: in der Nacht, nach Regenfällen auch am Tag

Feuersalamander

Heimat: Europa
Biotop: schattige Waldgebiete, unter Laub und Steinen
Einrichtung: Farne, Moose, Holz; feuchter Boden
Temperatur: nicht über 20 °C, Winterruhe um 5 °C
Futter: Regenwürmer, Nacktschnecken, Maden, glatte Raupen
Besonderes: unterstehen der Bundesartenschutzverordnung und dürfen nur mit ausgehändigter Sondergenehmigung verkauft werden
Vergesellschaftung: keine

Tigersalamander
Ambystoma tigrinum
WF

Größe: bis 30 cm
Aktivitätszeit: Nacht
Heimat: gesamtes Nordamerika, Südkanada
Biotop: Wald und offene, feuchte Gebiete
Einrichtung: Farne, Moose, Holz; feuchter Boden
Temperatur: um 20 °C, Winterruhe um 10 °C
Futter: Würmer, Nacktschnecken, Insekten, Babymäuse und alles, was noch bewältigt werden kann
Besonderes: häufige Neotenie (siehe Axolotl)
Vergesellschaftung: keine

Tigersalamander

Axolotl, albino

Axolotl
Ambystoma mexicanum
NZ

Größe: bis 30 cm
Aktivitätszeit: mit Unterbrechungen tagsüber und nachts
Heimat: kleines Gebiet im Hochland südöstlich von Mexico City
Biotop: flache, reichlich mit Wasserpflanzen bewachsene Gewässer
Einrichtung: Aquarium, wegen der Größe der Tiere mit robusten Wasserpflanzen besetzen
Temperatur: um 20 °C, bei zu hoher Temperatur verkümmern die Kiemen, dadurch evtl. Sauerstoffmangel
Futter: Wasserinsekten und deren Larven, Regenwürmer, Fleischstückchen von der Pinzette
Besonderes: Axolotl zeigen Neotenie. Dies bedeutet, daß die Tiere immer im Larvenzustand verbleiben. Sie sind so auch fortpflanzungsfähig. Nur durch eine Hormonbehandlung mit Thyroxin läßt sich die Natur überlisten. Nach solch einer Behandlung sind Axolotl dem Tigersalamander ähnlich. Axolotl unterstehen der Bundesartenschutzverordnung und sind deswegen buchführungspflichtig.
Vergesellschaftung: keine

Grüner Wassermolch

Chinesischer Feuerbauchmolch

Grüner Wassermolch
Notophthalmus viridescens **WF**

Größe: bis 10 cm
Aktivitätszeit: am Tag
Heimat: Nordamerika, in Nord-Süd-Richtung von Südkanada bis Florida. In Ost-West-Richtung vom St.-Lorenz-Strom bis in den mittleren Westen
Biotop: stehende und langsam fließende Gewässer
Einrichtung: Aquarium für Molche; in der winterlichen Landphase Terrarium wie für Feuersalamander, Boden in der Winterruhe feucht halten
Temperatur: um 20 °C, Winterruhe um 10 °C
Futter: Mückenlarven, Wasserinsekten und deren Larven, Wasserflöhe; in der Landphase kleine Würmer, Nacktschnecken, Raupen
Besonderes: wie unsere heimischen Molche leben die Jungtiere die ersten zwei Jahre nur an Land
Vergesellschaftung: Chin. Feuerbauchmolch, Chin. Rotbauchunke

Chinesischer Feuerbauchmolch
Cynops orientalis **WF**

Größe: ca. 9 cm
Aktivitätszeit: am Tag
Heimat: der mittlere Teil Ostchinas

Leopardgecko

Biotop: stehende und langsam fließende Gewässer
Einrichtung: wie Grüner Wassermolch
Temperatur: um 20 °C, bei höheren Temperaturen gehen die Tiere an Land; Winterruhe bei ca. 10 °C
Besonderes: verbringt Winterruhe im Wasser
Vergesellschaftung: Grüner Wassermolch

Leopardgecko
Eublepharis macularius
NZ

Größe: 25 cm
Aktivitätszeit: Dämmerung und Nacht
Heimat: Ostiran, Südost-Afghanistan, Pakistan, Nordwest-Indien
Biotop: Steppengebiete
Einrichtung: Steppenterra-

Tokeh mit Gelege

rium mit Unterschlupf
Temperatur: 26–35 °C, Winterruhe 15–20 °C
Luftfeuchtigkeit: 60–80 %
Futter: Grillen, Heuschrekken, Schaben, Babymäuse
Besonderes: wird schnell zahm und geht auch am Tag an angebotenes Futter
Vergesellschaftung: keine

Tokeh
Gecko gecko **WF**

Größe: bis 35 cm
Aktivitätszeit: Nacht
Heimat: Südost-Asien
Biotop: ursprünglich auf Bäumen und Felsen der Regenwälder, heute auch Kulturfolger an und in Häusern
Einrichtung: Regenwaldterrarium
Temperatur: 27-35 °C, nachts 20-25 °C
Luftfeuchtigkeit: 60-90 %
Futter: gieriger Fresser, der alles nimmt, was er bewältigen kann
Besonderes: Männchen rufen mit laut hörbarem „Tokeh". Die Tiere können äußerst schmerzhaft zubeißen.
Vergesellschaftung: Grüner Leguan, Agakröte

Goldstaub-Taggecko

Großer Madagaskar-Taggecko
Phelsuma madagascariensis grandis **NZ**

Größe: 25 cm
Aktivitätszeit: am Tag
Heimat: Madagaskar
Biotop: Bäume und Sträucher, Kulturfolger
Einrichtung: Regenwaldterrarium mit großblättrigen Pflanzen
Temperatur: 25-30 °C, nachts 20 °C
Luftfeuchtigkeit: 60-80 %
Futter: größere Insekten, zu Brei gedrückte süße Früchte, Honigwasser
Besonderes: wird schnell zahm und leckt Honig vom Finger
Vergesellschaftung: Korallenfinger, Schwarznarbenkröte, Ritteranolis

Goldstaub-Taggecko
Phelsuma laticauda **WF**

Größe: 14 cm
Aktivitätszeit: am Tag
Heimat: Madagaskar

Großer Madagaskar-Taggecko

Biotop: Bäume und Sträucher
Einrichtung: Regenwaldterrarium
Temperatur: 25-28 °C, unterhalb eines Strahlers bis 35 °C, nachts kühler
Luftfeuchtigkeit: 60-80 %
Futter: wie Großer Madagaskar-Taggecko
Besonderes: sitzt gern wie der Große Taggecko an dickeren Bambusstäben
Vergesellschaftung: Rotkehlanolis

Rotkehlanolis
Anolis carolinensis **WF**

Größe: um 20 cm
Aktivitätszeit: am Tag
Heimat: Südosten von Nordamerika
Biotop: Bäume, Sträucher
Einrichtung: Regenwaldterrarium
Temperatur: 25-30 °C, nachts Zimmertemperatur

Rotkehlanolis

Ritteranolis

Luftfeuchtigkeit: 60–80 %
Futter: Heimchen, Grillen, Stubenfliegen
Besonderes: um sein Revier zu verteidigen, spreizt der Rotkehlanolis seine rote Kehlfahne und nickt mit dem Kopf
Vergesellschaftung: Amerikanischer Laubfrosch, Veränderlicher Laubfrosch, Chin. Laubfrosch, Goldstaub-Taggecko.

Ritteranolis
***Anolis equestris* WF**

Größe: bis 40 cm
Aktivitätszeit: am Tag
Heimat: Kuba
Biotop: auf Bäumen und Sträuchern
Einrichtung: Regenwaldterrarium mit robusten Kletterästen und Pflanzen
Temperatur: 25–30 °C, nachts 22–25 °C
Luftfeuchtigkeit: 60–80 %
Futter: Grillen, Heuschrekken, Schaben und Babymäuse
Besonderes: eine der größten Anolisarten; können kräftig zubeißen
Vergesellschaftung: Korallenfinger, Schwarznarbenkröte, Großer Madagaskar-Taggecko

Smaragdskink
***Dasia smaragdina* WF**

Größe: bis 25 cm
Aktivitätszeit: am Tag

Smaragdskink

Heimat: Südost-Asien
Biotop: Regenwald
Einrichtung: Regenwaldterrarium mit Kletterästen
Temperatur: 26-32 °C
Luftfeuchtigkeit: 60-90 %
Futter: Insekten aller Art, Früchtebrei
Besonderes: kletternder Skink mit perfekter Tarnung
Vergesellschaftung: Schwarznarbenkröte

Grüner Leguan

Grüner Leguan
Iguana iguana **FZ**

Größe: 150-180 cm
Aktivitätszeit: am Tag
Heimat: Mittel- und Südamerika
Biotop: Regenwald
Einrichtung: Regenwaldterrarium mit starken Kletterästen, keine Bepflanzung
Temperatur: 25-28 °C, unterhalb eines Strahlers bis 35 °C
Luftfeuchtigkeit: 70-90 %
Futter: Pflanzenkost, kein Kohl, heranwachsende Tiere und trächtige Weibchen bis 10 % tierisches Futter
Besonderes: wird sehr zahm und kann mit einem Frettchengeschirr „Gassi" geführt werden; citespflichtig
Vergesellschaftung: Agakröte, Tokeh

Maskenleguan

Maskenleguan
Leiocephalus personatus **WF**

Größe: 20 cm
Aktivitätszeit: am Tag
Heimat: Haiti
Biotop: Steppe und Halbwüste
Einrichtung: Steppenterrarium mit einem Teil Sandboden
Temperatur: 25-30 °C, unterhalb des Strahlers 35 °C; Winterruhe 4-6 Wochen bei ca. 15 °C
Luftfeuchtigkeit: 60-80 %
Futter: Heimchen, kleine Grillen, kleine Schaben, süßes Obst und Blüten
Besonderes: ein sehr neugieriger Leguan, der schnell Futter aus der Hand nimmt
Vergesellschaftung: keine

Bartagame
Pogona vitticeps **NZ**

Größe: 45 cm
Aktivitätszeit: am Tag
Heimat: Australien
Biotop: Steppe und Wüste
Einrichtung: Wüstenterrarium mit Kletterästen und großen Steinen als Präsentierplatz, größeres Wasserbecken zum Baden
Temperatur: 28-35 °C, unterhalb eines Strahlers bis 50 °C
Luftfeuchtigkeit: 50-70 %

Abgottschlange

Bartagame

Futter: große Insekten, Babymäuse, Pflanzenkost, kleingeschnittenes Obst, kein Kohl
Besonderes: sehr neugierig und zahm
Vergesellschaftung: keine

Abgottschlange
Boa constrictor **NZ**

Größe: 250-350 cm
Aktivitätszeit: in der Nacht
Heimat: Mittel- und Südamerika
Biotop: Regenwald bis lichte Wälder
Einrichtung: Regenwaldterrarium mit starken Kletterästen und großem Wasserbecken, Versteckmöglichkeit
Temperatur: 26-32 °C
Luftfeuchtigkeit: 60-80 %
Futter: Mäuse, Ratten, Kaninchen, Hühner
Besonderes: lebendgebärend, sehr zahm; citespflichtig
Vergesellschaftung: mit gleich großen Schlangen aus ähnlichen Biotopen

Dunkler Tigerpython
Python molurus bivittatus **NZ**

Größe: 500-600 cm
Aktivitätszeit: in der Nacht
Heimat: Indien, Burma
Biotop: Regenwald
Einrichtung: wie *Boa constrictor*
Temperatur: um 28 °C
Luftfeuchtigkeit: 70-90 %
Futter: Nager und Vögel
Besonderes: wegen seines ruhigen Wesens und seiner Größe sehr beliebt; citespflichtig
Vergesellschaftung: siehe *Boa constrictor*

Dunkler Tigerpython

Kornnatter

Kornnatter
***Elaphe guttata* NZ**

Größe: bis 180 cm
Aktivitätszeit: in der Dämmerung und Nacht
Heimat: gesamtes Nordamerika
Biotop: Prärien und lichte Wälder
Einrichtung: Steppenterrarium mit Unterschlupf, Wasserbecken und Kletterästen
Temperatur: 25–28 °C, unterhalb eines Strahlers bis 35 °C, Winterruhe bei 10–15 °C
Luftfeuchtigkeit: 60–80 %
Futter: Mäuse, kleine Ratten, Küken
Besonderes: wird in großer Anzahl nachgezogen, so daß sich schon viele Farbformen herausgebildet haben
Vergesellschaftung: keine

Königsnatter
***Lampropeltis triangulum sinaloe* NZ**

Größe: unter 100 cm
Aktivitätszeit: Dämmerung und Nacht
Heimat: Westmexiko, Provinz Sinaloa
Biotop: Steppe mit niedrigem Bewuchs
Einrichtung: Steppenterrarium mit Versteckmöglichkeit und größerem Wassernapf
Temperatur: 25–30 °C, Winterruhe für ca. 6 Wochen bei 10–15 °C
Luftfeuchtigkeit: 50–70 %
Futter: Mäuse
Besonderes: Lampropelten kommen in vielen Arten und noch mehr Unterarten im Süden Nordamerikas vor. Sie ahmen in Form und Farbe dort vorkommende Giftschlangen nach, von denen sie sich auch ernähren.
Vergesellschaftung: wenn überhaupt, nur mit merklich größeren Schlangen mit gleichen Ansprüchen

Strumpfbandnatter
***Thamnophis sirtalis* WF**

Größe: bis 120 cm
Aktivitätszeit: Tag und Nacht
Heimat: Südkanada bis Mexiko, in vielen Unterarten
Biotop: von Feuchtgebieten bis in Prärien, als Kulturfolger in Gärten
Einrichtung: Steppenterrarium mit Unterschlupf und großem Wasserteil
Temperatur: 20–30 °C, Winterruhe bei 10–15 °C
Luftfeuchtigkeit: um 60 %
Futter: Fische (auch aufgetaut), Babymäuse; Jungtiere auch Regenwürmer. Amphibien werden ebenfalls gefressen, doch versteht es sich von selbst, daß man darauf verzichtet.

Königsnatter

Strumpfbandnatter

Gebänderte Wassernatter

Besonderes: Halten Sie Strumpfbandnattern nie zu feucht. Sie reagieren darauf häufig mit Pustelbildung auf der Haut, einer behandlungsbedürftigen Bakteriose.
Vergesellschaftung: mit anderen Arten der gleichen Gattung

Gebänderte Wassernatter *Nerodia fasciata* WF

Größe: bis 160 cm
Aktivitätszeit: in der Dämmerung und Nacht
Heimat: Südl. Nordamerika und Nordkuba
Biotop: Sümpfe und niedriges Buschland, immer in Gewässernähe oder im Wasser
Einrichtung: wie Strumpfbandnatter
Temperatur: 20–30 °C, nachts Zimmertemperatur
Luftfeuchtigkeit: um 60 %
Futter: Fische (auch aufgetaut); für Jungtiere auch Regenwürmer
Besonderes: recht groß werdende Wassernatter, die kräftig zubeißen kann

Kraushaar-Vogelspinne *Brachypelma albopilosa* NZ

Größe: Körper 8 cm
Aktivitätszeit: in der Nacht
Heimat: Mittelamerika
Biotop: Regenwald
Einrichtung: flaches, kleines Terrarium mit Bodengrund, Unterschlupf und Wassernapf; eine Bodenheizung ist nicht nötig
Temperatur: 23–28 °C
Luftfeuchtigkeit: 70–90 %
Futter: Heimchen, Grillen, Heuschrecken, Schaben, Schwarzkäferlarven
Besonderes: eine attraktive Vogelspinne mit ruhigem Wesen, die jedem Einsteiger anvertraut werden kann; citespflichtig

Kraushaar-Vogelspinne

Haiti-Vogelspinne
Phormictopus cancerides
NZ

Größe: Körper 8 cm
Aktivitätszeit: in der Nacht
Heimat: Westind. Inseln
Biotop: Steppe
Einrichtung: halbtrockenes Terrarium mit größerem Unterschlupf, Bodengrund nur leicht feucht
Temperatur: 20–30 °C
Luftfeuchtigkeit: 60–80 %
Futter: große Insekten, kleine Mäuse
Besonderes: eine bodenbewohnende, etwas aggressive Art, die jedoch von der Farbe her eine typische Vogelspinne ist

Rotfuß-Vogelspinne
Avicularia metallica **NZ**

Größe: Körper 7 cm
Aktivitätszeit: in der Nacht
Heimat: Mittelamerika bis nördl. Südamerika
Biotop: Bäume des Regenwaldes
Einrichtung: hohes Terrarium mit Kletterästen und Versteckmöglichkeiten
Temperatur: 25–30 °C
Luftfeuchtigkeit: 70–80 %
Futter: Heimchen, Grillen Heuschrecken
Besonderes: eine sehr ruhige, baumbewohnende Art, die man durchaus auch einmal auf die Hand laufen lassen kann

Haiti-Vogelspinne

Kaiserskorpion
Pandinus imperator **WF**

Größe: ca. 20 cm
Aktivitätszeit: in der Nacht
Heimat: der südliche Teil Westafrikas
Biotop: Regenwald und angrenzende savannenähnliche Landschaften
Einrichtung: mäßig feuchtes Regenwaldterrarium, Unterschlupf und Wasserschale
Temperatur: 24–28 °C

Rotfuß-Vogelspinne

Luftfeuchtigkeit: 70–80 %
Futter: Heimchen, Grillen, Heuschrecken, Babymäuse
Besonderes: ein großer, attraktiver Skorpion, der erst kräftig zwickt, bevor er, wenn überhaupt, sticht. Das Gift ist vergleichsweise schwach.
Vergesellschaftung: mit gleich großen Artgenossen

Blauer Thai-Skorpion
Heterometrus cyaneus
WF

Größe: ca. 13 cm
Aktivitätszeit: in der Nacht
Heimat: Südostasien
Biotop: Regenwald
Einrichtung: wie Kaiserskorpion, nur feuchter
Temperatur: 24–28 °C
Luftfeuchtigkeit: 70–90 %
Futter: Grillen, Heimchen, Heuschrecken
Besonderes: schillert im UV-Licht der Sonne metallic-blau
Vergesellschaftung: mit gleich großen Artgenossen

Kaiserskorpion

Gelber Sandskorpion
Buthus occitanus **WF**

Größe: ca. 6 cm
Aktivitätszeit: in der Nacht
Heimat: von Südfrankreich südlich bis Nordafrika, von dort östlich bis Ägypten
Biotop: Steppen und wüstenähnliche Gegenden
Einrichtung: Sand oder Sand-Lehm-Gemisch als Bodengrund, Unterschlupf, Wasserschale
Temperatur: 26 °C, nachts 20 °C
Luftfeuchtigkeit: 60–70 %
Futter: Heimchen, kleine Heuschrecken
Besonderes: Tiere aus dem afrikanischen Teil des Verbreitungsgebietes (alle Importe) sind deutlich giftiger als Tiere aus dem europäischen Teil.
Vergesellschaftung: keine

TIP: Wählen Sie als Standort für die nachtaktiven Skorpione den dunkelsten Teil des Zimmers und beleuchten Sie das Terrarium, nach schrittweiser Umstellung, nachts. So können Sie diese interessanten, nachtaktiven Jäger auch am Tag beobachten.

Dornkampfschrecke
Eurycantha horrida **NZ**

Größe: ca. 14 cm
Aktivitätszeit: in der Nacht
Heimat: Neuguinea, Salomonen
Biotop: Bergregenwälder
Einrichtung: Regenwaldterrarium, ein senkrecht gestelltes Stück Zierkork als Sitzplatz, anstatt der Bepflanzung Futtervase (siehe „TIP“ Seite 59)
Temperatur: 22–26 °C
Luftfeuchtigkeit: 70–90 %

Blauer Thai-Skorpion

Futter: Brombeerblätter, Himbeerblätter, Eichenblätter
Besonderes: männliche Tiere können mit ihren Hinterbeindornen empfindlich zuschlagen
Vergesellschaftung: eventuell andere Schreckenarten

Gelber Sandskorpion vor seiner Wohnhöhle

Australische Gespensterschrecke
Extatosoma tiaratum
NZ

Größe: bis 14 cm
Aktivitätszeit: in der Nacht
Heimat: Australien und Neuguinea

Australische Gespensterschrecke

Biotop: sehr breit gefächert, vom Regenwald bis in Halbsteppen
Einrichtung: halbfeuchtes Regenwaldterrarium, einzige Dekoration ist darin die Vase mit dem Futter (siehe dazu auch den „TIP" auf Seite 59)
Temperatur: 25–30 °C, nachts kühler
Luftfeuchtigkeit: ca. 60 %
Futter: wie Dornkampfschrecke
Besonderes: Bereits als frisch geschlüpfte Larven kann man Männchen und Weibchen der Gespensterschrecke an der Körperform unterscheiden.
Vergesellschaftung: eventuell mit anderen Schreckenarten

Dornkampfschrecke

Annam-Stabschrecke

Gottesanbeterin

Annam-Stabschrecke
Baculum extradentatum
NZ

Größe: ca. 8 cm
Aktivitätszeit: in der Nacht
Heimat: Hinterindien
Biotop: auf den Ästen der Futterpflanzen
Einrichtung: Steppenterrarium mit Futtervase (siehe „TIP“ unten)
Temperatur: 20–30 °C
Luftfeuchtigkeit: 50–70 %
Besonderes: sehr leicht zu vermehren, sind deshalb bei Einsteigern sehr beliebt
Vergesellschaftung: evtl. andere Schreckenarten

TIP: Stellen Sie das Futter für Gespenster- und Stabschrecken in eine kleine Vase. Wenn Sie die Triebe alle zwei Tage übersprühen, bleiben sie länger frisch und können vollständig gefressen werden. Außerdem nehmen die Tiere so das notwendige Wasser auf.

Gottesanbeterin
Sphodromantis spec.
NZ

Größe ca. 9 cm
Aktivitätszeit: am Tag
Heimat: Ghana
Biotop: hohes Gras, Sträucher, niedrige Bäume
Einrichtung: Regenwaldterrarium
Temperatur: ca. 25 °C
Luftfeuchtigkeit: 70–90 %
Futter: Heimchen, Grillen, kleine Heuschrecken
Besonderes: Lassen sich im Sommer auch frei in der Wohnung, d.h. im Blumenfenster halten. Durch tägliches Besprühen werden sie mit Wasser versorgt.
Vergesellschaftung: keine

TIP: Zur Häutung hängen sich Gespensterschrecken, Stabschrecken und Gottesanbeterinnen an ihre Futterpflanze (Kletterpflanze), schlüpfen aus der alten Haut und wachsen nun, mit den Füßen an ihrer alten Haut hängend. Wählen Sie deshalb hohe Behälter für ihre Pflege.

LITERATUR

Dost, Uwe: Das Kosmos-Buch der Terraristik. Kosmos, Stuttgart 2000.
Fröhlich, Fritz: Wunderschöne Schmuckschildkröten. Kosmos, Stuttgart 2003.
Kölle, Dr. Petra: Reptilien-Krankheiten. Kosmos, Stuttgart 2002.
Kothe, Hans W.: Vogelspinnen. Kosmos, Stuttgart 2003.
Rogner, Heidi: Landschildkröten. Kosmos, Stuttgart 2001.
Rogner, Manfred: Frösche. Kosmos, Stuttgart 2001.
Rogner, Manfred: Terraristik. Kosmos, Stuttgart 2002.
Wolff, Jürgen: Kursbuch Zimmerpflanzen. Kosmos, Stuttgart 1995.

ADRESSEN

Deutsche Gesellschaft für Herpetologie und Terrarienkunde e.V. (DGHT)
Postfach 14 21
D-53351 Rheinbach
Tel.: 0 22 25 - 70 33 33
Fax: 0 22 25 - 70 33 38
www.dght.de

Untersuchungsstelle:
GeVo Diagnostik,
Gesellschaft für medizinische und biologische Untersuchungen mbH
Jakobstr. 65
D-7094 Filderstadt
Tel.: 0 71 58 - 6 06 60
Fax: 0 71 58 - 6 05 60
www.gevo-diagnostik.de

REGISTER

BILDNACHWEIS

Farbfotos von Andler (Außenklappe unten), Angermayer/Pfletschinger (2, S. 47 o, 58 u), Peter Beck (alle übrigen 64 Aufnahmen), Eheim/Müller & Pfleger (1, S. 5 l), Holger Ehmke (5, S. 10, 11 o. 11 u. 26 o, 40 u), Burkard Kahl (21, S. 1 r, 6, 8, 18 u, 24 u, 42 u, 44 o, 46 u, 47 u, 50 o, 50 u, 51 l, 53 r, 54 u, 55 ol, 55 or, 56 o, 57 o, Außenklappe ul, or und Ritteranolis), Dr. Rudolf König (13, S. 3, 35, 37 o, 42 o, 48 l, 49 o, 49 u, 51 or, 52 u, 58 o, 59 ol, 59 u, Außenklappe ol), Reinhard-Tierfoto (12, S. 1 m, 2 o, 9, 14, 27 r, 43, 44 u, 46 o, 52 o, 53l o, 53l u, 54 o) und Andreas Tinter (1, S. 2 u).

KOSMOS
Postfach 106011
D-70049 Stuttgart
TELEFON +49 (0)711-2191-0
FAX +49 (0)711-2191-422
WEB www.kosmos.de
E-MAIL info@kosmos.de

IMPRESSUM

Umschlaggestaltung von eStudio Calamar unter Verwendung von 4 Farbaufnahmen von Burkard Kahl.

Mit 120 Farbfotos.

Bibliografische Information Der Deutschen Bibliothek
Die Deutsche Bibliothek verzeichnet diese Publikation in der Deutschen Nationalbibliografie; detaillierte bibliografische Daten sind im Internet über http://dnb.ddb.de abrufbar.

2. Auflage 2003

ISBN 3-440-08966-5
Lektorat: Angela Beck
Grundlayout: Atelier Reichert, Stuttgart
Gestaltung: Gisela Dürr, München
Printed in Italy/Imprimé en Italie

Extra

TIPS UND PFLEGEHINWEISE

Gesundheits-Checkliste für den Tierkauf

- Sind die Gliedmaßen vollständig?
- Ist die Haut frei von Schwellungen und Wunden?
- Sind die Augen klar?
- Schließt die Maulspalte vollständig?
- War die letzte Häutung bei Schlangen vollständig?
- Ist bei Echsen oder Molchen der Beckengürtel und die Schwanzwurzel ohne hervortretende Knochen?
- Ist bei Schlangen die Wirbelsäule von kräftiger Muskulatur umgeben?

Richtig transportieren

Bringen Sie zum Kauf der Terrarientiere evtl. eine Kühltasche mit. Im Winter legen Sie eine Wärmflasche hinein, die Sie mit etwa 35°C warmem Wasser gefüllt haben oder vor Ort füllen lassen. Das warme Wasser erwärmt die Tasche auf eine für die meisten Reptilien und manche Amphibien angenehme Temperatur. Im Sommer hält die Kühltasche die oftmals extreme Hitze im Auto fern. Für den Kauf von Molchen oder Salamandern füllen Sie die Wärmflasche dann mit kaltem Wasser.
Für den Transport von größeren Reptilien ist ein Leinenbeutel von Vorteil (Einkaufstasche aus Leinen, Kissenbezug).

Futtertiere versorgen

Setzen Sie die Futtertiere nach Arten sortiert in größere Behälter um. Auf den Boden der Behälter kommt eine dünne Lage Haferflocken, Müsli, Zierfisch-Futterflocken oder Hundeflocken. Darüber schichten Sie Eierkartons. So bieten Sie viele Versteckmöglichkeiten, und die Futtertiere reduzieren sich gegenseitig nicht zu sehr.
Bieten Sie Grillen, Heimchen, Heuschrecken, Schaben, Schwarzkäferlarven und Rosenkäferlarven zusätzlich kleine Scheiben Apfel, Salatgurke oder ähnlich Saftiges an.

Sauberkeit im Terrarium

Einmal in der Woche werden die Dekorationsgegenstände wie Steine und Wurzeln mit einer Bürste und warmem Wasser gereinigt.
Zum Schluß werden die Terrarienscheiben von anhaftendem Schmutz befreit. Dazu verwendet man einen Haushaltsschwamm und warmes Wasser, dem man einen Schuß Brennspiritus hinzufügen kann.
Nach dem Abwischen wird mit Küchenpapiertrockengerieben, damit auf den Scheiben keine Wasserflecken zurückbleiben.
Sollten sich durch das Sprühen Kalkränder gebildet haben, so reibt man mit Küchenpapier und einem Spritzer Zitronensaft die Flecken weg. Danach mit warmem Wasser nachwischen.
Versorgt man einmal kranke Terrarientiere, werden natürlich jegliche Putzmittel durch geeignete Desinfektionsmittel ersetzt, die man in guten Zoofachgeschäften erhält.
Damit die eigene Hygiene nicht zu kurz kommt, waschen Sie sich nach den Arbeiten am Terrarium die Hände mit Seife und Fingernagelbürste.

Extra

PFLEGEKALENDER

täglich

- Temperatur kontrollieren
- Beleuchtung überprüfen
- Bodenfeuchtigkeit kontrollieren, ggf. sprühen
- Beleuchtung überprüfen
- Heizung überprüfen
- Kot mit einem geeigneten Hilfsmittel entfernen
- Tiere auf Veränderungen und Verhaltensauffälligkeiten kontrollieren
- Trinkwasser erneuern
- Tiere bei Bedarf füttern

wöchentlich

- Scheiben und Dekorationsgegenstände reinigen
- Tiere bei Bedarf füttern

monatlich

- Bepflanzung durch Rückschnitt korrigieren

zweimal jährlich

- Kotproben untersuchen lassen

MESSPROTOKOLL

Datum	Temperatur Tag/Nacht	Luftfeuchtigkeit Tag/Nacht